まだ間に合う

元駐米大使の置き土産

藤崎一郎

講談社現代新書

2650

はじめに

「若いうちは先のことなんか考えず、自分が夢中になれることにのめりこめ」

「優秀な生徒は高校を出たらできればすぐアメリカの大学に行くほうがいい」

「外国留学する者が減っている、若者の覇気がたりないからだ」

「外国に行く前に、まず日本のことを知らないと恥ずかしい」

「講義やペーパーは古い。討論やタブレットの時代だ」

「英語は道具にすぎない。中身のほうが大事だ」

「いまや英語だけじゃ不十分だ。第二語学もしっかりやれ」

「日本再生のため、外国人経営者の力で活性化すべきだ」


どれもよく聞かれる言葉です。でも、なんと無責任な、といつも思います。経験に基づいたものではなく、自分の身内には言わないような評論家的なアドバイスでしょう。

わたしはこの本のなかで、右に述べたような議論にいちいち反論しました。

第一の人生の外交官のあと、わたしは、第二の人生では教育や研究にたずさわってきました。若手社員や公務員の研修で講師も務めましたし、教授として大学院生、大学生にも教えてきました。最近は高校生や中学生を相手にすることも多くなっています。

ドイツの政治家ビスマルクの有名な言葉に、

「愚者は経験に学び、賢者は歴史に学ぶ」

というものがあります。人のふりみてわがふり直せとか、他山の石といえるかもしれません。わたしの半世紀の経験、先人の回顧録などから学んだことをいささかでも、次世代の若い日本人に伝えておきたいと思うようになりました。

わたしは、けっして外交官生活を楽々とこなしたわけではありません。むしろ、こけつまろびつという感じでした。やった失敗も書きました。どうして失敗したのか、失敗から何を学んだかも本音で書きました。

わたしのやったとおりがいいから参考にしてほしいというつもりはまったくありません。むしろこういう回り道はしないほうがいいですよ、と伝えるために恥をしのんで書いています。

「こんな人でも組織や国際社会をなんとか生きぬけたのか、それなら自分だって」

と自信を持っていただければ幸いです。

ぶ厚い英語の本の読み方、会議での記録のとり方、交渉にあたっての心得、スピーチの仕方や会議の進め方など、試行錯誤して得たコツはできるだけ具体的に書いたつもりです。その部分だけは、ある程度ハウ・ツーと言えるかもしれません。

自分の力ややりかたに自信がある方には、この本で参考になることはあまりないかもしれません。そうではない、どうやってこれから勉強や仕事のことを考えていけばいいかなと思っている方々の一助にしていただければうれしいです。

本書は3部構成とし、第1部は学生時代、第2部は社会人、第3部は国際社会での生き方という形をとっています。しかし、第1部の「短くまとめる大事さ」とか、「権威のある人の話をう呑みにせず自分の頭で考え直してみること」、「つねに選択肢を考える必要があること」などのアドバイスの多くは、じつは社会人にこそあてはまると思っています。そう思って目を通していただければと思います。

この3つの部分をつらぬく共通点は、この本のタイトルどおり**「まだ間に合う」**ということです。学生の方は、冒頭に書いたような間違ったアドバイスに耳を傾けず、今から自分のやりたいことを探して、その道を着実に歩んでください。若い社会人の方は、しょっぱなからつまずいたり、出向してまったくわからない仕事に放り込まれたりしてもあきらめないでください。逃げずに取り組めばなんとかなるものです。国際社会もけっして手の届かない遠いものではありません。

もう遅い、どうせ自分じゃムリ、とはじめから決めつけることは、やめてください。たいていの場合、遅すぎるということはないのです。

みなさんのご健闘を祈ります。

藤崎一郎

目次

III　国際社会に出る　163

Ⅰ　人生をデッサンする

1. だれの人生？　——10対40

「若いうちは先のことなんか考えず、自分が夢中になれることにのめりこめ」

これは無責任なアドバイスだと「はじめに」で書きました。若いうち夢中になっていたことが現在につながったり、たまたまいい結果を生んだりした幸運な人が、自分の経験を一般論化して話すケースが多いのだと思います。うまくいかなかったその他大勢の人は黙っているのです。

自分の人生ですから自分で設計するのが当然ではありませんか。自分が考えなくていったいだれが考えてくれるのでしょうか。

神様は一つだけ公平

わたしは生徒、学生に話をするときは、まず、

「神様は公平だと思いますか」

と聞きます。ほとんどの人は「公平じゃないと思う」と答えます。金持ちの家に生まれたり秀才や美形に生まれたりする恵まれた人と、その他のおおぜいの人がいるのは事実で

す。多くの人が自分自身や環境に不満を持っています。

そこでわたしは、

「たしかに神様に与えられたものにちがいはあります。でも一つだけ公平なところがあります。誰にでも人生は一回しかなく、また時間は絶対に逆戻りしません。一回しかない人生でなにをするかを決めるのはあなた自身です」

といいます。成績がいいから医者や科学者にとか、逆に成績が悪いから将来のことなんか考えてもたかが知れている、とあきらめるのは早すぎです。学校の成績だけで人生が決まるわけではありません。まず何が好きか、何をやりたいかを自分で考えるのです。

もしも人生で1本しか映画を見られなかったら

そうは言っても、試験や部活や友人関係など目の前のことで忙しくて将来のことなんか考えているひまがないという人が多いでしょう。

そういう人にわたしは、

「もしも人生で1本しか映画を見られないとしたらどうかと考えてみてください」

と言っています。どうせ見終わってしまったら同じことだから、いきあたりばったり映画館に入るという人はあまりいないでしょう。一生に1本だけしか見られないなら、できるだけ満足するものを選ぼうとすると思います。そのためには映画評を読んだり、実際に見た人の話を聞いたりするはずです。そしてコメディか、ホラーか、ファンタジーか、アクションか、恋愛ものか、自分の好きな分野の映画を選ぶでしょう。そのほうが満足感が高いはずです。人生での重要な仕事選びや配偶者選びも同じことです。自分の思いに合った仕事やパートナーを選ぶかどうかで一生の満足感がちがうはずです。

まず自分をつくる

「小さな自分のことにとらわれず、世界平和とかＳＤＧｓとか地球温暖化問題などといった大きな問題から考えることが大事だ」

と若い人に説く人々がいます。これらはたしかに重要な問題です。しかし、「まず自分の人生の目標を考えましょう」とわたしは言います。一見、自己中心的にみえます。が、ちがいます。そうした大きなことに関心があるならば、そういう問題に関わって自分なりの貢献がしたいと思うのが当然です。地球温暖化に警鐘を鳴らすスウェーデンのグレタ・トゥーンベリさんや女性の学ぶ権利を訴えるパキスタンのマララ・ユスフザイさんのように10代の少女のときから大きな国際的発言力を獲得した人もいます。しかしそれはきわめて例外的なケースです。

はたして自分がどうやって自分の関わりたいことに取り組んでいけるか。政治家としてか学者としてか、企業人としてか、ジャーナリストとしてか、官僚としてか、いろいろあると思います。関心のある問題によりますが、自分の今の毎日がそれにつながる道なのだと考えるべきです。まずは自分の関心ある問題に関われる立場に近づけるように自分をつくることを考えることが大事です。

目標への道筋を描く

目標が浮かんで来たらそこへ至る道筋を調べ、歩み始めることになります。たとえば宇宙飛行士になりたいと心に決めた中高生がいたとします。この生徒は、自分の興味にまかせて宇宙についていろいろな本を読み、行事に参加したいと思うでしょう。しかし、そうしたことに多大な時間を費やし過ぎると必ずしも目的に近づくことにはなりません。まず数年に一度のＪＡＸＡの試験に通るための知識を身につけなければなりません。どういう科目の勉強をすべきか考える必要があります。

国際機関で活躍したいと思う学生がいたとします。もちろん大学を出てすぐ入る道もあります。しかしそこから始めて意思決定にかかわるレベルに到達するのは極めて困難です。ガーナ人のコフィ・アナンは世界保健機関（ＷＨＯ）の一番下からキャリアをスタートさせ、国連事務総長にまでなりましたが、これは唯一といっていい稀なケースです。国連の幹部レベルのポストに空きができて公募されると、時には世界中の国連機関に在籍する100人以上の人が応募するようです。書類審査を通って面接に進み、選ばれるためには、博士号を持っているとか自国政府から推されることが得策だということは経験者に聞けばわかります。これまで日本人で国際機関のトップを務めた人はすべて日本政府の強力な推薦を受けていました。

外交官になりたいと思ったら、まず国家公務員試験の自分の受けたい区分の科目を調べ、その勉強に集中することが早道です。

外交官志望の大学3年生が、1年間のスペイン交換留学に合格したので行こうかどうしようか迷っていると相談にきたことがあります。わたしは、

「君が前に希望していた国家公務員総合職試験はどうするつもりなの？」

と聞きました。

「参考書をあちらに持っていこうと思っています」

という答えでした。

「スペインに行ったらスペイン語の勉強漬けになるだろうし、そうじゃなきゃ行く意味がない。わたしならこれから1年間は日本で公務員試験の勉強に集中しますよ。その間いつ

でもいらっしゃい。外務省に入ったらその後2年間の語学留学ができますよ」とアドバイスしました。彼はあまり納得したように見えず、またその後、姿を見せなかったのでおそらくスペインに行ったのだと思います。志望が結局どうなったのかはわかりません。

ひとたび目標を持ったら、その実現のために必要なことからやっていかなければなりません。目の前に出てくる魅力的なことに心を奪われると、ハードル越えのタイミングを逸してしまい、肝心の目標から遠ざかってしまうのです。

10対40

10対40という数字を、わたしはよく学生、生徒たちに言います。中高時代の6年間、大学時代の4年間の計10年間と、次の40年間のどちらが人生で大事かという意味です。答えは明らかでしょう。

学生時代を満喫してその後あまり関心を持てない仕事を40年間も続けるのは残念です。まず自分の思う姿を思い浮かべ、それにたどり着く道をおおまかにデッサンしてみるのです。宇宙飛行士や国際機関職員や外交官の例についてふれましたが、どんな職業でも同じことです。教員、看護師、弁護士、商社員、パティシエなど希望はさまざまでしょう。目標が浮かんだらそこに向けて歩みだすのです。

吉田松陰の有名な言葉に、

「夢なき者に理想なし、理想なき者に計画なし、計画なき者に実行なし、実行なきものに成功なし、故に夢なき者ものに成功なし」

があります。これはまず夢や理想を持つべきであるという意味ですが、同時に夢や理想を持ってもその実現のために計画し実行していかなければならないと解すべきです。目標や志を持ったらそれに向けていまの自分が何をしたらいいか考えるのです。冷静に状況判断して、一つずつハードルを越えなければなりません。たとえば政治家として政策を行いたい人はまず選挙に通らなければならないでしょう。受験も同様です。暗記力重視は時代遅れだとかいろいろ議論はあるでしょう。そこは、受験というハードルは選別の手段なのだから越えなければならないものと割り切って考えるべきだと思います。

その際、大事なことは**自分の尺度で考える**ことです。誰かほかの人がいくつものことをやりながらハードルをらくらく飛んでいるからといって自分もそれにならっていいのか。冷静に**この自分がいま何をどれだけすればいいか常に考える、あるいは状況判断をするくせをつける**ことは社会に出ても役に立つはずです。

目標を立てるのも計画を実行するのも生徒や学生自身です。「馬を水辺に連れていけても水を飲ませることはできない」という英語のことわざがあります。水を飲むのはあくまで生徒や学生自身です。ロールモデルのような人に合わせたり環境を整えたりして側面や背後から支えるのが、学校の役割だと思っています。

私自身は、目標設定、計画実行はけっして得意ではありませんでした。どちらかといえば状況対応型で問題に直面すると頑張りますが、それが終わると力が抜けてしまうほうでした。反省をこめて書いているのです。

2．社会をのぞく——職場開放日の提案

将来の仕事について考えてみてください、といってもどの仕事がどんなことをやるのかよくわからないと思うのが普通です。テレビで見ると、警察官は年がら年中、殺人犯を追いかけており、医者は外科で手術をしていますが、実際には殺人犯と接触したことのない警察官や手術したことのない医者がほとんどでしょう。銀行も小説では融資や取り立ての話が多いのですが、これも銀行員の少数です。ではテレビを見ても本を読んでもわからないなら、どうすればいいでしょうか。

先輩の活用とジョブ・シャドウイング

大学生はインターンを積極的に活用すべきです。実際の会社の仕事をのぞけるいい機会です。

また先輩を活用するといいと思います。高校や大学の先輩は各界にいます。後輩がせっかく話を聞きたいというのにイヤがる人はまずいません。もしいたらそんな変な人は、こちらも相手にしなければいいだけです。ただ、就活直前になると売り込みの下心があるとみられてしまいます。1~2年生の間にたとえば数人でグループをつくって色々な人を回ったり招いたりしても面白いでしょう。高校や大学もいろいろな分野の先輩の話を聞くセミナーなどをひんぱんに開いていくといいと思います。わたしの出た中学は、いろいろな分野の先輩を招く講座をずっと続けています。もっとも先輩によっては「おもしろいよー」と自分の仕事のいい面ばかりを強調する人もいますから、気をつけて聞くことは必要です。

中高生には実地に仕事に触れる機会をできるだけつくるのがいいと思います。アメリカでは、子供がジョブ・シャドウイング（Job Shadowing）といって年に1~2度、親の職場を半日間影のようについて回り、仕事の中身を見るということをやっています。「上司に叱られているのを見られたり、窓際族なんだから来られたりしちゃ困るよ」という親もいるでしょう。でも仕事場がどんなものかを子供に見せることには意味があると思います。今では日本でも一部に子供参観日というものがあります。これは大変いいと思います。

職場開放日の提案

わたしはそれに加えて一年に何回か職場開放日みたいなものをどの企業もつくったらいいと思います。地域の小中学校や高校から生徒が関心のある職場を教員引率のグループで訪ねて見学するのです。IT企業ってこういう人がいるのか、弁護士事務所ってこういう仕事するのか、商社はこういうふうに働いているのかなど中高生が肌感覚を得られるようになるといいと思います。

東京への修学旅行のとき会社訪問を組み入れるようになって中高生が原宿や渋谷だけでなく、たとえば丸の内や霞が関のオフィスや工業団地などをぞろぞろ歩き回るようになればいいなとも空想します。

受け入れ側は、グッズや飲み物、食べ物は提供しないことにします。そんなことで子どもを釣ってはいけません。なお見せるとしても会社紹介のビデオはせいぜい10分程度にとどめるべきです。ポイントはあくまで若手社員との質疑応答です。こういうことを毎年やっているうちに学校と社会の距離が縮まります。生徒の頭の中に次第に志望がぼんやりでも浮かんできたらすばらしいと思います。協力してくれる企業こそ日本の将来に貢献しようという会社です。いわゆる企業社会責任（CSR）の模範です。このほか企業から販路拡大などの課題を出してもらって、高校生グループがアイデアを出し合うような探求型プロジェクトも社会と学校の距離を縮めます。わたしのいる日米協会も関与して行っています。

少しでも高いハードルを

いろいろ見ても人の話を聞いても本を読んでも、どうしても何がやりたいか思い浮かばないという人もいるでしょう。むしろそういう人の方が多いと思います。その場合、あとでいろいろな方向に行けるようにするためには可能性を広げておくのがいいと思います。**やりたいことが固まったとき、道が閉ざされていないようにするためです。**そのためには受験などにおいてより高いハードル、自分には少し背伸びかもしれない目標をめざすように努めるのがいいと思います。高いハードルを飛ぶと着地面積は大きくなります。広い面積には高い建物、大きな建築物を構築できます。

ゴルフは各ホールの最後にグリーン上でパットして穴に入れます。強く打ちすぎてミスすることもあります。しかし弱く打って届かなければけっして穴に入ることはありません。トライしなければけっして幸運に恵まれることはないのです。頭においていただきたいのは、チャレンジしなければ始まらないという意味の、**“Never up, Never in”（届かなければ、入らない）**というゴルフの格言です。

3．時間管理を覚える——自由時間こそが大事

将官か兵隊か

30代の終わりにわたしは英国のシンクタンクである国際戦略研究所（IISS）に1年ほど派遣されました。外務省の中間研修という制度で、毎年数名の課長クラスに日常から離れた勉強をさせるのです。米ハーバード大学、英国王立国際問題研究所（チャタムハウス）とIISSが受け入れ先でした。

研究所のシンボルのような副所長のケネス・ハント氏に挨拶に行きました。彼は陸軍の元准将で白い口髭の絵にかいたような英国紳士でした。紅茶をすすめられながら冗談まじりに言われました。

「君たち日本の官僚は、『来週までにこれをやれ』と言うとちゃんと結果を出すが、命令

されず自分で目標をつくって計画的に進めるのは苦手だね。君たちにはドレイ的な根性が染みついているようだ」

これを聞いてわたしは、なにをこしゃくな、と思いました。しかし残念ながら幾分かはあたっていたような気もします。ドレイ的というのは冗談ですが、ポイントは自ら目標や戦略を企画立案するエリート将官でなく、命令が与えられないとこれ幸いとサボって無為に時間をすごす兵隊のようだと言いたかったのでしょう。中高生のころから部活、受験と追いまくられる日々を過ごしてきた結果、そうなってしまうように思います。なお、ハント氏はじつはたいへん親日的な人で、後には親しい友人になりました。

部活はほどほどに

『桐島、部活やめるってよ』（朝井リョウ　集英社）。本の題にもなるほど部活は日本の学生生活、青春の象徴です。

部活には、スポーツや一生の趣味を見つけるとか友達づくりとか集団生活を覚えるとか、多くのいい面があります。関心があれば、やったらいいと思います。ただし、授業と部活だけで毎日のほとんどの時間を費やし、惰性に埋没してしまわないよう気をつけてください。本を読んだり、好きな場所を訪れてみたり、友達と議論したり、自分で考えて時間を過ごすということもしなければいけません。授業プラス部活でクタクタになる毎日はまさに兵隊の生活です。

らくらくと学業と部活を両立できる英才はいます。部活での目覚ましい実績を進学や就職につなげていく人もいます。しかしそれらは一部の人です。多くの人の場合、部活はほどほどにして、自分の将来のことも考えながら勉強したほうが、人生の選択肢が広がるのではないかと思います。

また、部活をする場合、メダルや賞状を手に入れるために汲々とするより、技を身につけたり、体を鍛えたりして自分自身を価値あるものにしたほうがいいと思います。スポーツだけでなく英語のような勉強でもそうです。家の棚に英語弁論大会のトロフィーを飾るよりすこしでも実際に英語をしゃべれたり読めたりするほうに意味があります。自分を強くすること、**「自分への投資」**を心がけてください。それが将来の自分の可能性を大きくしてくれるのです。

星付きレストランでコンビニ弁当？

大学生の部活、サークルは、友達づくりをする上で大きな役割を果たしています。しかしここでもほどほどが大事です。大学入学は、勉強のスタートにすぎません。大学は専門家も図書も交換留学制度も利用できる恵まれた環境です。そこに入り、さあこれから勉強という時にサークル、部活などにエネルギーの大半を向けるのは、

「予約待ちしてやっと星付きレストランに入れたのに店内でコンビニ弁当を広げるようなものですよ」

とわたしはいっています。

多くの国では、プロのスポーツ選手になろうという一部の人を除いては、大学生は朝1時間走ったりして体を絞ったらあとは勉強しているようです。

「そんなこと言ったって日本経済新聞の『私の履歴書』などをみると一流の経済人の多くは、大学入学後は授業にも出ずに部活ばかりしていた、と書いていますよ」

という学生もいます。そんなことが通用したのは一部のトップ大学だけです。さらに言えば日本が自己完結した閉鎖社会だった昔の話です。技術革新のスピードが上がり、日本の若い世代が頭脳で米国や中国他の諸外国と競争しなければならない現代とは話はまったく違います。

部活やサークルの合宿のために、交換留学の機会を使わなかったり、夏休みに自分が関心ある企業のインターンを見送ったりするのは本末転倒というべきでしょう。

自由時間をもつ意味

わたしが理事長をしている中学高校では部活は原則週3回にしました。授業は週6日でしたが土曜日はやめて週5日にしました。鶴岡八幡宮や円覚寺で始めた英語ガイドのボランティア活動、4人のネイティブスピーカーの教員が毎日校内で開いている無料英会話教室参加や、飲み物を飲んだりおしゃべりしていい新設の自習室を利用したり、読書などをのびのびとできるようにするためです。生徒には、**「時間の管理を自分ですることを覚えてほしい」**と言っています。校風を自由でのびやかに変えるべく、厳しかった校則をあらためました。校舎は白を基調にリフォームし、制服もコシノジュンコさんが明るいグレーにデザインしてくれました。

これからの時代は女子も男子もありません。みなが社会に出て羽ばたくときです。ずっとがんじがらめにしておいて急に自立しろと言っても無理です。生徒が自分で時間を管理し自主性を持って過ごすようになってはじめて可能です。生徒がどんどん変わっていく姿を楽しみに見ています。

SNSをやらないコンピューター専門家

わたしは、40歳未満の日米の若い人たちが毎月英語でディスカッションするグループをつくりました。あるときコンピューターの専門家で起業に成功した米国人を呼んだことがあります。若い人から成功の秘訣を聞かれ、彼はみなにまずツイッター、フェイスブック、インスタグラムなどのＳＮＳから離れるようにアドバイスしました。彼によると、「一日の時間は限られている。働く時間9時間、睡眠7時間、食事3時間、スポーツ1時間、読書、勉強や家族友人との交流で3時間、シャワーや風呂トイレなどで1時間で24時間になる、ＳＮＳなんてする時間はない」

というのです。そういうムダな時間をはぶくことが成功への道だと言いきりました。誇張もあるかもしれません。でもコンピューターの専門家が「自分は時間の有効利用のためいっさいＳＮＳをやらない」といっていたのは新鮮でした。

4．役に立つ勉強は ――時間のモノサシと場所のモノサシ

中高生徒にすすめる二つの武器

将来どんな道に進んでも役にたち、必要となる二つの武器をわたしは中高生のときから身につけると良いと思います。

英語とコンピューターです。この二つが自由に使えるかどうかで大学生活も社会人生活もまったく変わってきます。これからの社会にでていくためのパスポートです。わたしのいる中学高校では、このため新規に4人のネイティブスピーカーの教員を雇用し、生徒全員にタブレットを支給しました。

ただ気をつけなければいけないのは、タブレットや新しい型のグループ学習などに片寄ってしまわないようにすることです。紙はけっして古くなりません。入学試験は紙に書かせますし、自筆の丁寧な手紙を書けることは大事です。年表や地図などは大きな紙の上に書いてあるほうが流れや関連が理解しやすくなります。手で紙のノートに書くとおぼえやすい人が多いという米国の実験結果もあるようです。

アクティブ・ラーニングの一環であるグループ討議は有用な勉強法です。口に出すことで頭の整理ができますし、記憶の定着化に役立ちます。しかし、講義を聞いたり、本を読んだりして知識を持ったうえでディスカッションしなければ単に雑談会か井戸端会議になってしまいます。留学のところでも触れますが米国の大学では大量の課題図書を読ませ、そのうえで討論させています。全体の姿をわきまえず形だけ新しいスタイルに引っ張られるのはあぶないと思います。

ですからタブレットと紙、講義とディスカッションは併用すべきです。この組み合わせないし混合をわたしはハイブリッド教育と呼んでいます。

大学生の勉強選びの二つのモノサシ

わたしは、主にいわゆる文系の若い人に会うことが多いのですが、

「なにを勉強するかは、時間、場所のモノサシで考えて、将来でも役に立つような社会の基本的な枠組みや世界のどこでも役に立つ技能を学ぶといいですよ。また、自分が文系ということにとらわれないほうがいいですよ」

と言っています。以下に述べることは学者になる人ではなく、一般学生へのアドバイスです。

時間のモノサシというのは、あと何十年たっても役に立つかということです。法律や経済金融などの社会の基本的な枠組みはそんなに変わりません。ですからこういう勉強の成果は長持ちします。社会人になって余暇に寝ころんで民法や商法の本を開く人は少ないでしょう。経済、金融、簿記などの仕組みもやはり基本ですからきちんと学生時代に勉強しておくことが有用だと思います。

さらにいえば、これからの時代、理系とか文系の枠にとらわれ過ぎないことが大事です。文系を自認する人もＡＩ（人工知能）、ＩＴ（情報技術）、量子力学などの新しい科学に

食わず嫌いで背を向けるのは損です。新しい科学技術は安全保障や経済を論じるときも鍵になってきます。

場所のモノサシというのは、世界のどこに行っても自分の武器になる学問や知識かということです。たとえば外国や国際機関に行って日本でアメリカ文化やフランス政治を専攻しました、と言ってみても、先方からそれならむしろ米国人、フランス人の口から聞きたいと言われてしまうでしょう。日本人は日本語の上手な外国人の口から日本についての分析や評価を聞きたがります。しかしそういう奇特な国民はほかにあまりいません。文学もなかなかその国のネイティブには太刀打ちできません。

またたとえ語学を専門的に勉強しても、その国に行けばみなが話しており、珍重されません。翻訳や通訳はかなりの部分はＡＩでこなせるようになっていくでしょう。昔はお札を数えるスピードと正確さが銀行の窓口では求められましたが、今や完全に機械化されました。これと同様です。語学を学ぶのであれば専攻でなく副専攻として勉強されるといいと思います。

大学では枠組みと技を

わたしの若い友人でベンチャー・キャピタリストの山本康正氏はその著『シリコンバレ

ーのＶＣ＝ベンチャーキャピタリストは何を見ているのか』（東洋経済新報社）でつぎのように書いています。

「これから求められてくるスキルをもっと踏み込んで書けば、この４つだと思います。**データサイエンス、プログラミング、ファイナンス、そして英語**です。どの業界に行っても、この４つの技能は使うことになる」

見事に言い切っています。これはいいアドバイスだと思います。

これに対し、こういう考え方は大学を専門学校化してしまう、むしろ大学では歴史や哲学などの学問を勉強し、物事の考え方を修得すべきである、応用はあとで利くという考えもあります。しかしどんどん技術が発展していく現代では、大学や学校を利用して山本氏のいうようなツールや、わたしが先に述べたような将来も役に立つような枠組みの勉強をしたりしておくほうが得策だと思います。

いま世界で大きな関心をよんでいる地球温暖化、難民問題、ジェンダー、格差問題、民主主義のサステイナビリティ、米中関係や日本の安全保障などに関心を持つ大学生がふえています。

これらを勉強することは大事です。わたし自身も大学でこうしたいま国際社会が直面している問題を講じています。しかし、これらの時事的な問題や事象はどんどん変わってき

ています。わたしは学生に対して、

「これらのいくつかを自分の一生のテーマとするくらいの心がまえをもつといいでしょう。しかし大学生時代はこれらの問題を考えるための基本、すなわち法律や経済などの枠組みや先端技術と英語、コンピューターなどのワザを自分に身につける機会としてください」

と述べています。英語とコンピューターという技と社会の基本に関する枠組みについての専門を持つ、これこそが世界どこでも通じる「国際力」だとわたしは呼んでいます。

こういう議論は国際関係学部などがどんどん新設される現状にはそぐわない古い、いわば昭和的アタマの発想と思われる方もいるかもしれません。でも、というか、だからこそ国際関係の仕事に一生を費やしたわたしの置き土産としてあえて書いているのです。

5. 選択肢（オプション）を考える練習——二つのソウゾウ力

問題の選択肢（オプション）を考える

最近では、与えられた課題を解決するというより、状況を分析して問題、課題を発見していく能力が大事だという議論が行われています。その通りです。第14項でも述べますが、

置かれた状況をそのまま受けとめるのでなく何か改善すべき点はないか考えるのです。こういう積極的な発想は大事です。しかし実際の社会ではそれだけでなく次々に起きてくる問題に対応しなければなりません。その場合、いろいろな解を考え、それらを比較しベストなもの、問題がないものを選んでいきます。

たとえば300円しか持っていないが店で売っている500円のものが欲しいときどうしますかという状況があるとします。

——あきらめる、

——値切る、

——200円よそで借りる、

——あと200円たまるまで待つ、

——少しグレードダウンする300円のものでガマンする。

——200円は後払いにしてもらう、

——300円に加えて200円相当の品を渡す、

などいろいろな解があるでしょう。今の時代ならネットで同じようなものが300円で売っていないか探すという手もあるでしょう。これらの解を選択肢オルタナティブないしオプションと呼びます（以下オプションと呼びます）。それぞれに得（メリット）と失（デメリット）があります。たとえば待つという選択をする場合、ほかの人に売られてしまう危険があるというデメリットがあります。２００円借りる場合、すぐ手に入るメリットはありますが、金利がつくというデメリットがあるなどです。

これらオプションを比較して一番利点すなわちメリットが大きく、マイナス点すなわちデメリットが小さいものを選ぶのです。こうした方法こそ、みなでディスカッションするのにふさわしいと思います。

各オプションの得失を考える

わたしは若い人に、**ある問題について解のオプションをいくつか考え、それぞれの得失すなわちメリットとデメリットを考えるくせをつけてごらんなさい**と言っています。それこそが社会にでてからも実際に直面する意思決定の方法です。

会社の場合、たとえば一気に大きな投資をするか、段階的に行うか、もう少し様子を見るか、調査だけ行うかなどの選択肢を考えるでしょう。また大きな会議を開くか、小規模のものにするか、どのレベルの人を呼ぶか、日本で開催するか、外国にするかなど常に選択肢の中から適切な解を選んでいくことになります。

アメリカの政府でもたいてい政策の選択肢を長官や大統領に提示する方法で会議を行う

ようです。そして上の人に決めてもらうのです。でも、じつははじめから現実的でないものや、コストの大きなものも提示して、選んで欲しいオプションを上の人が選ぶようにしむけることもあるようです。いわば誘導です。

単にSDGsを勉強するという漠然としたことでなく、難民や移民受け入れ、環境、原発、安全保障、コロナ対策、教育などの問題について今の日本の政策以外のオプションも考えて、そのメリットとデメリットを列挙し、どの政策がもっとも合理的か検討するという勉強法がいいと思います。

政策のオプションを比較するには、タテのモノサシとヨコのモノサシを使うと便利です。ここで言うタテとヨコのモノサシは前の項で言った意味と少し違います。タテのモノサシは時間的ないし歴史的比較でどうやって今の状況に達したか概観するのです。ヨコのモノサシは諸外国との比較です。目新しいことではありませんが、何か基準を持つと比較しやすくなります。

頭のタンクを大きくして取り出す訓練をする

大学入試までは記憶力がものを言いますが、そのあとは後述する二つのソウゾウ力——想像力や創造力が大事になるというのはある面、正しいと思います。あくまである面です。記憶力は想像力や創造力の基礎として重要です。ググれば何でもわかる、だから、記憶力は重視しなくてよいと言う人は簡単に考えすぎです。発言や書くことは自分の頭の中からひねり出す作業です。頭の中に読書や経験から得られた蓄積がなければ引き出しようがありません。逆に膨大な蓄積があっても瞬時に適切に取り出すことができなければ宝の持ち腐れになります。取り出しのうまい下手は生来のものもありますが、経験の積み重ねとオプションを常に考える訓練によってかなり向上できると思います。

二つのソウゾウリョク

オプションをつくるにあたり大事なのは**想像力（イマジネーション）と創造力（クリエイティビティ）**です。どんな事態が起きうるか想定することからいろいろな対策オプションが浮かんできます。事態を想定するにも、各オプションのメリット・デメリットを検討する際にも想像力が重要です。

また普通に想定されるオプション以外のものを工夫する力が創造力です。まったく新しい発想があればしめたものですが、そうでなくても、これまでのやりかたにとらわれず、トヨタのカイゼン方式のように少しでも改良できないか、より良い方策はないか模索するのです。

このオプションを考える訓練はふだんからやっているとクセになります。学生時代にも社会人としても有用な考え方です。ただ日常生活は別です。わたしはこれを使うクセがついてしまって家庭でも、

「週末に映画にいくか、ドライブにいくか、食事にいくかそれぞれのメリットとデメリットはこれこれだが、どうしようか」

とかと言って家族に、

「またお父さんのオプションが始まった」

とひんしゅくをかっていたこともありました。

6. 学生の「アイウエオ」

学生には「次の5つを念頭において日々を過ごすといいですよ」と言ってきました。

圧縮

一つ目は**「圧縮」**です。大学の講義は、通例1時間半です。多くの先生方は長く話すの

が得意です。というか長く話さないと場がもちません。大学の卒論は最低50枚、修士論文は100枚、博士論文は300枚以上と言われます。率直に言えば卒論の枚数のうち大半は事実関係の記述や、すでに出ている論考の引用で、オリジナルな部分はあってもごくわずかでしょう。

わたしは学生たちによく、

「キャンパスを出たら価値観は180度変わります。実社会では君たちの話を3分以上聞きたい、と言う人はいないし、書いたものを3ページ以上読んでくれる人もいないですよ」

と言っていました。

退官にあたり、昔G8サミットで補佐をした小泉純一郎元総理に、

「これから大学で教えます」

と話したことがあります。すると元総理は、

「それはいい、若い人にいかに短くするかを教えたらいい、20〜30ページのペーパーを渡し、2〜3ページにまとめさせる訓練をしたらいい、わたしはワンフレーズ総理といわれたがワンフレーズにするのが難しいんだ」

と言われました。なるほどと思いました。

そのとき、北米局長として小泉総理の訪米準備の共同声明案づくりにたずさわった際のち

ょっと苦い想い出が頭に浮かびました。日本側で原案をつくりアメリカのホワイトハウス担当者と事務的に一言ずつ詰め、4ページくらいの草案がまとまったので外務省内で説明のうえ、官邸に持っていきました。アジア情勢、米軍基地など安全保障、貿易経済、文化交流など多岐にわたっていました。アメリカ側からあれもこれも入れたいこれも入れようという注文が出て原案よりだいぶ長くなっていました。小泉総理は見るや否や一切中身には触れず、「なんだ、長過ぎて首脳声明らしくないじゃないか。オレは大臣じゃないんだぞ。半分にしろ」

とポンと言われました。わたしはほうほうのていで退散し、ただちにアメリカ側に総理の意向を連絡しました。するとそれまで一言一句頑張っていた先方があっさり降りて結局2ページに収まったことがあったのです。短く話す重要性については後でも述べます。

インプット

二つ目は**「インプット」**です。社会人になると、大変な量の仕事、勉強に追われます。残念ながらなかなか大著を読んだりする暇はありません。けっしていいことではありませんが実態です。古今東西の文学や伝記を読んだりするのはまさに学生時代が一番適しています。そして一度こういう大作を読むと二度目も手に取りやすくなります。夏目漱石、森鷗外、川端康成、井上靖、遠藤周作などの日本の本、あるいは、トルストイ、ドストエフスキー、スタンダール、バルザック、ジイド、ゲーテ、ヘッセ、モーパッサン、モーリアックなどの外国物も面白いです。

新刊書は会社に勤めてからでも読むでしょう。中学高校大学時代に長い文学書や伝記、歴史書を読むことをぜひ勧めたいと思います。

疑うこと

三つ目は**「疑うこと」**です。大事なことは著名な内外の人の言うこと書くことをう呑みにしないで、自分の頭で考え直すことです。何に書いてありました、誰それが言っていました、などというのはある意味で「自分はインテリではありません」と告白するようなものです。

あるときハーバード大学のマイケル・サンデル教授の白熱教室というのをテレビで見ました。一回見ただけの記憶なのですが教授は学生に賛成、反対の旗をあげさせました。原子力事故があったとき政府の発表とNGOの発表のどちらを信用しますかとの問いに答えは分かれました。すると教授はNGOを信用すると言った人にどうしてですかと聞きました。すると学生は、

「政府はウソをいうことがあるからです」

と答えました。教授は我が意を得たりと、

「新しい視点が出てきました。では政府はウソをつくことがある、と思う人は手を挙げてください」

と言って進めていきました。これを聞いてわたしは、

「ちょっと待ってください。NGOにもいろいろあるし、政府が信用できる場合もあるしそうでない場合もあるでしょう。一概には言えないはずです」

と手を挙げていう人がいてもいいのではないかと思いました。これだけをとらえて目くじらたてるのも大人気ないかもしれません。でもまず、設問に疑問を持つというのが、インテリへの第一歩です。

米国の有名な教授などが、一見面白い説を打ち出すと、日本だけではありませんがみな飛びついてたいへん流行ります。フランシス・フクヤマ教授の『歴史の終わり』はその典型です。お会いしたこともあります。出版のタイミング、問題のとらえかたのウマさにはうならされます。でも実態はどうでしょう。民主主義が勝利して退屈な時代に入る、という「歴史の終わり」の予想はまったく外れました。むしろ民族主義が台頭して混沌さは増大しました。最近では、ギリシャ時代からの歴史で覇者と挑戦者の対立が戦争になった例

が多いとして米中対立に警鐘を鳴らしたハーバード大学の知人グレアム・アリソン教授による「トゥキュディデスの罠」があります。こういう歯切れのよすぎる議論は、そんなに簡単に割り切れるのかなと考えながら読むべきでしょう。

四つ目は**「英語」**です。これについては第3部でまとめて後述します。

「想い出づくり」は早すぎる

五つ目は**「想い出づくりにいそしまない」**ことです。こういうとちょっと驚かれることが多いのです。社会人となると自由時間はなくなるので学生時代に旅行したり友人と想い出づくりしたりしたいという声をよく聞きます。たしかに自転車日本縦断やブータン王国訪問などといったことは普通の社会人になるとなかなかできないでしょう。わたしも大学時代、欧州のユースホステルを渡り歩いたときの失敗や楽しかったことはときどき思い出します。

しかし学生時代に面白いことをやっておかないと人生の損だと思う必要はありません。想い出というのは意識的につくるものでなく影のようにあとからついてくるものです。想い出を先につくっておき、あとはそれを反芻しながら暮らしていこうというのはさびしすぎると思います。

以上、この5つの頭文字をとって**学生の「アイウエオ」**とわたしは呼んでいました。これはオヤジギャグのような語呂合わせです。講義や講演のあとほとんどの人は何を聞いたか会場を出るか出ないかのうちに忘れてしまいますが、こうしたヒントがあると少しは思い出す助けになるかという苦肉の策です。

高校生にこの話をしたことがあります。すると一人の生徒が立ち上がって、「先生はなんでも一度は疑えと言われましたが、そうすると今、先生の言われたことも疑うべきなのでしょうか」

と言いました。なかなかやるなあ、と思いました。

「わたしのいった『疑いなさい』ということを疑うなら、なにかいわれたら疑わずに信じたほうがいいということになりますね。わたしが『疑いなさい』といったことをそのまま信じるならそれでもいいと思います」

と答えました。ちょっと禅問答のようですが。

7. ほれる仕事を選ぶ ――3年間はガマン

中高大の10年間は社会に出るための準備なので、仕事について早い段階で考えはじめたほうがいいと述べました。それと関連して就職活動について書きます。

名前だけで選ばない

当たり前の話ですが、名前だけで志望先を決めるのは危険です。たとえば国の名前を見ると朝鮮民主主義人民共和国つまり北朝鮮は国名に民主や共和がついています。でもどう考えても民主的でも共和制でもないでしょう。

会社や組織も名前だけで国際的でカッコいいとか、伝統的名門だとかいってあこがれるのは危険です。どんな資格を持って入るのがいいか、将来にわたって勤務条件はどうか、会社の雰囲気はどうかなど、できる限り調べたほうがいいです。

3年間のガマン

仕事につくとどの世界にもどうしてもウマが合わない人もいるし、くだらないと思える仕事はありません。入るとこんなはずではなかったとガッカリすることがあります。

たとえばわたしは外務省から米国留学中、同期生たちと大使館に呼び出されたことがあります。日米閣僚会議で福田赳夫外相たちがウィリアムズバーグというバージニア州のリゾートに来るので、宿舎での世話係を命じられたのです。

上司の夫人がお茶を注いでまわる後ろからおせんべいの入った皿をもってまわりました。閣僚同行の大物記者は横柄で、電話の取り次ぎが悪いと怒鳴られて、ぶぜんとしました。夜中に同行議員が地元に送る何百枚ものハガキの切手貼りをさせられたこともありました。米国の大学で核戦略なんか勉強しながら、実態はボーイさんかと思いました。しかし、頭でっかちを直すための雑巾がけ、初年兵教育の一環でもあったのでしょう。なお、これらは昭和の話でもう今ではそんなことはありません。大蔵省でも、新入りは台車で資料運びをさせられていました。

それでも、自分がこれだと思って選んだ仕事ならガマンできます。少なくとも3年間がんばってどうしても合わないと思えば、つぎを探し始めればいいのです。

また自分の志望通りの職につけなかった場合でも同様です。次善と思ったところでも3年間は頑張ってみて、合わなければ、別なことに挑戦すればいいと思います。これから社会的流動性はますます大きくなっていくので、コンピューターや英語など第4項で述べた基礎的な力をたくわえておき、しっかりした専門を持っていれば欲しがってくれるところはあるはずです。だからこそ大学時代に「使える人間」になっておくことが大事なのです。

なぜ少なくとも3年間かというと、3年あれば組織のこともわかり、ある程度仕事の面白さもわかってくるからです。また組織の中で人事異動があり、違う人たちと違う仕事を担当して自分の感じも変わってくるかもしれません。もちろん自分でも仕事や職場が好きになるよう努力すべきでしょう。それでもどうしても熱意がもてない場合には転職を考え始めてよいかもしれません。

せっかく入ったのだからと考えるのは上下巻の長い小説を購入し、自分に合わないと思うのにせっかく買ったのだからと読み続けるようなものです。あるいはカッコをつけて実は苦手なクラシック音楽を我慢して聞き続けるようなものです。

世の中で絶対に取り戻せないのは時間だということは忘れないでください。

就職する場合、一番大事なのはその仕事や会社を好きだと思えるか、ほれることができそうかどうかです。

外資系の向き不向き

外資系企業が人気です。オフィスも一等地のタワービルなどにあります。給与は高く、日本の企業より先例主義や年功序列にしばられません。若いうちにやりがいのある仕事をまかされると言います。それはたしかに魅力です。

そういうところをつぎつぎに移動してステップアップしていくのも一つの道です。わたしの若い友人にもメールや手紙をもらうたびに勤め先が替わっている人がいます。いろいろな経験が評価されてヘッドハンティングされるのでしょう。日本の会社に入る場合と違い愛社精神や帰属意識は薄く、濃すぎない関係のほうがいいという人には合うと思います。

ただ、あくまで現地スタッフ扱いで、本社の幹部候補生ではない場合も多いようです。昇進には天井があり、自分より若い本国からの支社長に急に異動を命じられたり降格されたりすることも覚悟しておく必要があります。日本企業の外国法人に採用される現地スタッフの場合を考えてみればすぐわかるはずです。会社によって違うはずなので、よく調べるべきでしょう。

起業するならリスクの最小化を

「虎穴に入らずんば虎児を得ず」

今は起業に人気があるようです。自分の頭ひとつで社会に立ち向かい成功すれば何十億の富が得られるのですからうまくいけば面白いでしょう。

ひとつだけ気をつけてほしいのは成功報酬が大きいということはリスクも大きいということです。もし誰でも簡単に成功するならば、成功報酬が高くなるはずはありません。起業で成功した人は、よく若い人に「リスクをとれ」と言います。その人は才能があり運もよくて成功したのでしょう。しかしリスクをとって成功しなかったその他大勢の人がいるのです。

わたしがアメリカにいたとき、ボストンのある大学の卒業式で記念講演をしました。フットボール場が満杯になるほどのマンモス大学でした。講演者は二人で最初に話した方はまさに成功者でした。その方は若者たちにリスクをとれと話しました。

次の番だったわたしは、まず東日本大震災についてのアメリカからの支援に感謝を述べました。それからこれからどういう道にすすむかは君たち自身の人生の問題だから各々の性格に照らして考えたらいい、そして、もしリスクをとるならそのまえに、まずそのリスクを小さくできるか考えるべきです、と話しました。これは本を読み、人に聞き、大丈夫そうか、その業界について下調べしてみてあるていど勘をつけることが望ましいという意味でした。

ヒマラヤに登るのはリスクは大きいでしょうが、装備を整え、鍛錬していれば危険は減らせるでしょう。

大富豪が投資先を常に探していたり、セカンドチャンスが当たり前の米国と日本の状況はまったく異なります。そんな中、日本でも起業を目ざす人たちが出てきたのはいいことだと思います。

かつてシリコンバレーの若い起業家候補たちの集まりを訪問したことがあります。そこはオフィスもコンピューターも無料で提供され、また成功した先輩たちが指導していました。定期的にコンペがあり、そこで発表していいアイデアには出資者がつきます。彼らと懇談したときに聞いたら、金融機関や親族から借金している人は誰一人いませんでした。したがって悲壮感もなく、

「しばらく頑張ってみるがうまくいかなければ別なことをやります」

というリラックスした雰囲気をただよわせていました。日本でもこうした大規模なインフラを国や経済界が整備していけばもっと起業しようという人が出てくるだろうと思いました。

8. わたしの仕事選び

——外交官試験のカベ

第1部の最後に、わたしの仕事選びについて書きます。

将来の仕事を決めるまで

「家業を継ぐように自然に外交官になったのですか」

と聞かれることがありました。父が外交官でしたし、親戚にも外交官が何人かいたからです。しかしオーナー企業の御曹司とは異なり、公務員の場合、親近感を持つのとなるかはまったくべつの話です。

父は、仕事はわたし自身が大人になってから選べばいいが、とにかく受験勉強は無意味だという強い信念の持ち主でした。受験をくりかえしてきた自身の経験から、学生時代は外国に行ったりスポーツに打ちこんだりするほうがいいという意見でした。

これに対し、母はいわゆる受験校に進むのが日本男子の王道だと思っていました。中学選びのときわたしをカヤの外にして、二人が熱心に話し合いをしていたのをおぼえています。

父の外国赴任の時期が遠くなかったこともあり、父の意見がとおり、わたしは慶応の中学に入学し、1年の後半と2年をアメリカですごしました。帰国後そのまま高校、大学にエスカレーターで上がりました。

大学に入ったころから日本だけで一生は過ごさず、外国と行き来する仕事をしたいと思いはじめました。また企業でなく国のために働きたいと思うようになりました。結局、志望を外交官に固めました。このとき親には相談しませんでした。

当時の外務公務員上級試験いわゆる外交官試験の合格者は、東大などの国立大学出身者がほとんどでした。慶応大学からは志望者もあまりなく、合格者は戦前戦後を通じて数名でした。大学を替わろうかとも思いましたが、エスカレーター進学で、高校時代一度も受験前提の勉強をしたことがなく遅すぎました。

ところが運よくちょうどその年末に、これからは慶応も司法試験や外交官試験をめざそうというイニシアチブを若手の先生がたが始めました。勉強仲間ができました。一人でなく情報交換や議論ができる相手がいることは、心理的に大きな助けでした。このため退官後に上智大学の教授になったとき、上智から国家公務員総合職をめざすためのグループづくりをはじめました。これはその後も上智大学卒の外交官たちによって続けられており、わたしも参加しています。

難敵だった「一般教養」

当時の外務公務員上級試験の科目は一般教養、憲法、国際法、経済原論、外交史、外国語の必須科目にくわえ、経済政策か財政学の選択、民法か行政法の選択でした。特権意識を助長するというので20年ほど前に廃止になりましたが、外交官の素養を網羅したいい試験でした。しかし、科目が多岐にわたるので受験生にとっては楽ではありませんでした。

「一般教養は、大学受験を簡単にしたようなものだから準備はいらないよ」

とみな軽く言うのです。

しかしわたしは大学受験の経験がありません。高校時代の日本史の先生は、まるで大学の講義のように、一年の相当部分をご自分が好きな古事記の一部を一語ずつ解説していくような授業をしていました。一年かけても室町時代まで行きつかなかったと思います。ほかの科目も似たりよったりで、受験経験者のような一般的な知識が不足していました。

また経済学部の学生だったので法律科目は独学せざるをえませんでした。神田の古本屋で「受験新報」という雑誌を集めて合格体験記を読んで必読教科書を調べ、授業をサボって図書館で読みふけりました。範囲がせまそうな財政学と行政法を選択しました。なんとか間に合わせて3年生の夏に受験しました。

外交官試験での面接でのつまずき

成城大学での一次試験、外務省での二次試験の様子はよくおぼえています。一次試験は筆記でしたが、休み時間にキャンパスの芝生の上でガールフレンドにひざ枕をさせて休んでいる豪の者がいました。真剣勝負のまえに気を充実させる侍のようでカッコいいなと思いました。しかし二次試験場ではもう彼をみかけることはありませんでした。

二次試験は憲法、経済原論、国際法の口頭試問と英語の聞き取りと専門科目はなんとかきりぬけたのですが、一般面接でつまずきかけました。

「エツはこれからどうなると思いますか」

と聞かれたのです。ジョンソン政権が北爆している頃です。エツが越、ベトナムのことだとピンとこないで、とまどって2度も聞きかえしてしまいました。

さらにちょうどチェコで起こっていた民主化運動であるプラハの春について、

「ソ連は、どう出てくると思いますか」

と聞かれました。1956年ハンガリー動乱のときソ連が武力鎮圧したことは知っていましたが、10年以上前のことであり、ヨーロッパで武力行使が行われるとも思っていなかったわたしは、とっさに、

「国際社会が今これだけ注目しているので直接の軍事介入などはせず、当面は経済面など

で圧力を加えるのではないかと思います」

と答えました。

数日後の朝、新聞をみると、ソ連、ワルシャワ条約機構の戦車がプラハを制圧する写真が一面トップでした。万事休す――と思っていたら合格通知を受けました。あの安堵感は忘れられません。ちなみに後年、自分自身が試験官をするようになって口頭試問の成績は、その場ですぐつけるので数日後の国際情勢は関係ないことがわかりました。

外交官試験受験については芳澤謙吉元外相が『外交六十年』(中公文庫)に書いています。わたしより70年前に東大文学部の学生としてやはりいわば横道から受験して苦労した話で、試験科目も勉強法も同じだなあと思ったことがあります。

官学閥はあったか

「がんばって私学から入っても官僚には官学閥があって損ではないですか」

という人もいるかもしれません。でもわたし自身は学閥などを感じたことはほとんどありませんでした。

国際情勢は日々めまぐるしく変わり、その場その場の状況に迅速適切に対応しなければなりません。下できちんと詰めに詰められた案があがってくるような組織とはちがいます。どのレベルでもとっさの状況判断いわば運動神経が鍵です。大学がどこかなどといっていられないことも学閥がない背景にあると思います。

Ⅱ　社会人――入門から卒業

9. 初陣でのつまずき

スタートは大事

組織というのは当たり前ですが人間の集まりです。上司は、気持ちよく一緒に働くことができ、仕事を委ねて安心だと思える人と働きたいと思います。部下から見るといい上司のもとでは学ぶことも多いし、ポスト面でも推薦されたりして**いいサイクルに入る可能性が大きくなります。**上司が人を選ぶときは経歴や業績もさることながら評判が大きな意味を持ちます。「○○はいいですよ」と言われるか「○○ですか。まあ、いいんじゃないですか」と言われるかは大きな違いです。はじめは若い人の間にたいした違いはないかもしれません。しかしこうした評価が人の口によって繰り返され、ポストでも差がつき、だんだん大きな違いになっていきます。

じつは若手が思っている以上にスタート時から上の人はよく若手を見ているものです。わたし自身は後年いい上司や同僚たちに恵まれましたが、若い頃は結構苦戦しました。それは自業自得でした。

わたしの若い頃の話は、若い人にとっての反面教師です。こうするとつまずくのか、同じことをしないようにしようという教訓として読んでいただければと思います。

この項では初めて外国出張したとき、ろくに準備もせず気軽にでかけて失敗した話、次項では総理訪問のロジ担当者となりながら前例をチェックせず失敗した話、前総理訪問の受け入れの際に最新情報をもたず前総理の質問に立ち往生した例につきお話しします。

初めての国際会議出張へ

アメリカ留学から帰って25歳の頃、外務省経済局で世界貿易機関WTOの前身であるGATT（関税及び貿易に関する一般協定）を扱う課に配属されました。着任早々、5年上の筆頭補佐からちょうど貿易委員会の会合があるから一回ジュネーブの国際会議というものを見てきたほうがいいと言われました。

「とにかく行って様子を見てくればいいんだよ」

第29項「第二語学の意義」で後述するように、わたしはもともとフランス語に関心がありフランス語圏出張は望むところでした。ジュネーブで夏を過ごしていたスタンフォード留学時代のフランス人の友人に連絡してジュネーブ空港まで迎えにきてもらい彼の両親の別荘で一夕をすごしました。そこまでは天国でした。

査問会議

翌日ホテルに行くとその日の午後に在ジュネーブ日本政府代表部にくるようにとの指示がとどいていました。代表部の細長い会議室に待っていたのは外務省、大蔵省、農林省、通商産業省からそれぞれ代表部に出向していた参事官4人でした。みな、わたしより20年くらい上の40代の課長級でした。もう鬼籍に入られた人もいます。後年、大臣、知事、大使や局長になった俊秀たちです。4人が一列に並び、こちらはなぜかわたし一人でした。お白洲とも査問会議ともいうべき会議がはじまりました。

「明日の貿易委員会の対処方針が東京から公電で届いた。東京の担当者としてかみくだいて説明してくれたまえ」

と言うのです。対処方針は外務省が原案をつくり、それに各省庁がコメントを返し、そこから一言一句の調整をします。各省が自分の言い分を主張しますから最終的な産物は必ずしも整合的な文章になっていません。東京からの出張者なのに自分が説明すべき立場とも考えず、説明の仕方を考えたこともありませんでした。

通産省から来ていた参事官から、

「なぜこんなバカな表現がはいっているんだ」

と言われても、

「それはあなたの出身の役所が主張したのです」

と答えていいのかわかりません。いま考えると先方はすべて承知の上で若手をからかっていたのかもしれません。4人の、

「この若いの、一体なんでノコノコやって来たんだ」

という冷たい視線を浴びながら、1時間あまりしどろもどろの時間をすごし、ようやく放免されてホテルにもどりました。

配られたペーパー

次の日、広い国際会議場で各国代表がつぎつぎと話す様子は壮観で、なるほど見にきてよかったな、と思いました。前日の汚名を返上すべく、一生懸命記録をとりました。昼休みの前にペーパーが配られました。わたしは東京にキレイにもって帰るべくフォルダーにはさみこみました。2時間たっぷりのランチタイムは通産省や農林省から会議に出張していた同じくらいの年の若い事務官たちと一緒に近くのイタリアン・レストランにいきました。同世代同士で気楽に食事や談論を楽しみ、会議再開の直前に会議場にもどりました。すると昨日の打ち合わせを主催していた外務省出身の参事官が玄関に立って待っていて、

「午前の終わりに配られたペーパーについて東京のとりあえずの意見はどうだったか」

と聞くのです。キモをつぶして、

「まだ東京につないでいません」

と言うと、参事官は、

「僕は午後一番の発言で当然あれについてもふれなきゃならないだろ。じゃあキミ自身のコメントを聞かしてくれ」

と重ねて聞くのです。観念したわたしは、

「申しわけありません、まだ読んでいません」

と白状しました。参事官は、心底あきれはてた表情で一言、

「じゃあ――もういい」

と言ってわたしの眼前から去りました。万事休すでした。

何もわからずに会議に出ているのですから、昼休みに出る前に参事官のところに行って、「午後の会議の前になにか心得ておくことはありますか」とひとこと聞けばよかったのです。前日の失敗もあり、気まずくて近よれず、失敗の上ぬりをしてしまいました。こういういわば負のスパイラルに入ってしまうと失点を重ねてしまいます。失敗したと思ったときほどその相手に近寄っておかないと失点はリカバーで

きないのです。

それから30年ほどたってわたしは在ジュネーブ国際機関日本政府代表部の大使になりました。あの時の光景は目のうらに焼きついていて毎日のようにその同じＷＴＯの建物に通いながら、ときおり苦い経験を思いだしていました。

頭の準備体操を

会議をとにかく見てこい、といった先輩は、現役大使で亡くなりましたが、頭がよくスマートなスポーツマンで、おしゃれでドラマにでてくる外交官のような人でした。すべてに周到な秀才で上司に電話するときは、まず自分の発言ポイントをメモしていました。まさかわたしが本当に説明の準備もせず、ノコノコとジュネーブまで出かけていくとは思わなかったのでしょう。うかうかと飛び込んでしまったわたしの不覚でした。

それ以来、わたしはいろいろな会議や会合にいくとき、万一自分が発言を求められたり、急に挨拶を求められたりしたら何を言うか考えておくようにしました。実際に求められる機会はそんなに多くはなく空振りに終わったときが多かったのですが、頭の体操にはなったと思います。

若い人たちに、わたしがこうした苦杯をなめた経験を話して、

「若い先輩の言葉には注意したほうがいいよ、多くの場合カッコつけてあまり物ごとをたいそうにいわないものだ。真にうけて軽く考えるとヤケドするよ」

と言ってきました。後輩連中は笑いながら、

「ご心配なく、われわれはあなたほど間抜けじゃありませんから」

という顔をして聞いています。

10. 手痛いチェック・ミス

初の大使館勤務での総理一行受け入れ

最初の外国勤務は30歳のときでインドネシアでした。70年代のジャカルタはビルも少なく、街には人力車があふれ、物売りが大きな声をあげながら住宅街をまわっていました。夜はアセチレンガスが赤や緑の飲み物を売る夜店にともり、わたしの知らない明治大正の時代の東京を想像させる郷愁に満ちていて大好きになりました。いまでもインドネシア料理が好物です。

ジャカルタに赴任した2ヵ月後には福田赳夫総理、鳩山威一郎外務大臣一行の訪問が予

定されていました。まだ街の地理どころか他の館員の顔も名前もわからないのにただちに日程調整のとりまとめを命じられました。着任と同時に深更までの勤務になりました。もっともこれは上司の配慮で、おかげでわたしは毎日、大統領宮殿の儀典に通い、スハルト大統領のかわいがっている側近のスタッフたちとただちに親しくなれました。

東京からは日程案、行事につき細かい要望が連日のように来ました。これを大統領のスタッフにつなぐと、

「わかった、わかった」

というだけで何も具体的に話が詰まりません。本省からはどうなったかと矢のような催促が来ます。先方は、

「自分たちがホストなんだから……いちいちうるさいな」

という感じになり、板ばさみ状態でした。わたしは実務をおぼえはじめのくせに、

「南洋の国はやはりアバウトだな」

とグチをこぼしていました。ところが総理一行到着も迫った日に大統領府の儀典に呼ばれていくと、日本の意向も反映した見事な日程表を渡されました。実際の行事の進行も寸分の隙もありません。感嘆しました。それ以降、いろいろな地で何べん総理訪問や大臣訪問を受け入れたか数えきれません。でもいちばん記憶に残ったのはこのデビューのときで

す。日本人は細かく事前に詰めることをほこるけれど、違うやり方もあるんだなあと思いました。

総理一行の飛行機がジャカルタのハリム空港に到着するとまず、

「無事着かれました」

という電話が空港の担当者から大使館の本部に入り、今度はその旨の一報をわたしが東京の外務省のアジア局の担当課にいれました。

受話器の向こうから返ってきたのは、

「わかった。街の状況はどうか。沿道やホテルの周囲にデモの気配はないか。大丈夫そうか」

という質問でした。その3年前の田中総理訪問時は、大デモで道が通れなくなり、総理が宿舎からヘリで脱出しました。そのことを考慮すれば当然の質問だったと思います。大使館の警備担当である警察庁出向の書記官はおそらく街の状況につき把握して報告する手はずを整えていたと思います。しかし到着第一報係のわたしはその警備担当に照会する段取りを作っていなかったので、答えるよしもありません。もちろん携帯電話などない頃です。

「無事到着されてこれからホテルに向かうところです。街について特段の情報は入ってきていません」

「じゃあ街の様子は平穏で大丈夫です、と上に報告していいの」というくり返しのあと、むなしく電話が切られました。

「ジャカルタ大使館の担当者、本当に抜けてるよなあ」と言っているに違いないと思うとしょっぱなからつまずいてしまったと暗い気持ちになりました。

前の訪問のときのことを調べて必要な措置を講じておかなかったのはわたしの甘さでした。これを契機にどんなに忙しくても前例くらいは一応調べるようになりました。前のことを機械的に踏襲する前例主義はけっしていいと思いません。でも**知っておくことは必要です**。すくなくとも要人受け入れの場合、前回どの政府要人と会ったか、どこを案内したか、どこで食事したか、どんなハプニングがあったかなど調べておくことは必須だとわかりました。交渉などでも同じことで一応前のことを知った上で、会議に臨むことは大事です。

最後の最後のチェック

総理を辞した後の福田赳夫議員をジャカルタに迎えたこともあります。その時、経済を総括する職責だったので担当を命じられ、吉良秀通大使主催の内輪の昼食にわたしだけ同席しました。前総理、横手征夫秘書（前総理次男）、大使、わたしの4人でした。ランチが

はじまるとすぐ前総理が、

「けさ着いてすぐ見たジャカルタの英字紙に灯油価格引き上げの可能性が書いてあったが、その国民生活への影響をどうみればいいか」

と大使に質問されました。大使はおそらく虚をつかれたのでしょう。やおら、

「経済は、この藤崎がよくみておりまして」

と振ってこられました。

わたしは日程づくりの責任者として前総理の空港出迎え、スハルト大統領表敬などの会談日程、配車、食事、宿泊先の手配と没頭していたので、経済の総括という立場なのにもかかわらず、うかつにも朝の新聞もみていませんでした。しようがないので上着のポケットから手帳を取り出して調べるふりをしました。

すると大使は頼みの綱にすがるように、

「彼の手帳はすごいんですよ」

と言ってくれますが、けさの新聞のことが書いてあるはずもありません。前総理や大使の視線を痛いほどに感じて進退きわまったのをいまも忘れられません。

その後は要人に会う直前には、最新のニュースを確認するようになりました。今ならス

マホでチェックすればすぐわかります。上の人はいちばん新しいニュースとその意味合いをしりたがるものです。こちらを試す場合もあるかもしれません。いつでも**最後のギリギリの瞬間が大事だ**ということはおぼえておかれるといいと思います。

11. まずは記録とりから　――出番のきっかけ

ＯＥＣＤ（経済協力開発機構）、ＩＥＡ（国際エネルギー機関）、Ｇ８首脳会議、ＷＴＯや国連専門機関など、多くの国際会議に出席しました。日米をはじめ二国間会談にも出ました。会議で学んだ最初のことは記録とりでした。その後は上の人の発言案を用意し、最後は自分が代表になって発言するようになりました。

なぜ記録とりが重要なのか

若手にとって記録とりが大事なのは、上司が要人との会談や会議にいくとき、報告書をつくるために誰か連れていく場合が多いからです。要点が抜けていたりして、後から上司が手を相当入れなければならないと、その上司にとっては面倒です。しっかりした記録を

部下がさっと作ってくれれば、その人をまた連れていこうとなります。上の人は会談の後にカッコつけて、

「記録は簡単でいいよ」

などと言いますが、あまり真にうけてはいけません。上司が相手に対してどう反論したかなどというところはきちんと書いておいてほしいのです。こういうことを心得た若手はどんどん場を踏んでいく機会がふえていきます。逆であれば「アイツは困る」と遠ざけられることになります。

後年わたしは記録とりは苦にならなくなりましたが、はじめのうちはそうでもありませんでした。留学直後のころ上司の課長が、

「局長につぎの会議のお供には藤崎をお連れください、と言ったら、ほかには誰もいないのかと言われちゃったよ」

とぼやいていたことがあります。

記録とりをきたえられたのは、最初の外国勤務のインドネシアのあとのＯＥＣＤ代表部ででした。わたしの担当した貿易や南北問題の分野の会議では、発言は原則として公使などの上司で、大きな会議には東京から本省の幹部が出張してきました。

「もし自分が発言できれば、タイミングをとらえてユーモアや皮肉もいれながら相手の発言をまぜっかえし、要領よく日本の主張を言うんだがなあ」

と内心思っていても、そもそも発言の機会を与えられないのですから、切歯扼腕するしかありません。会議の席で発言しないかぎり、他国の代表部から一人前あつかいされず、めったに食事に招かれることもありません。こちらから誘うのも難しい感がありました。後席でだまってメモを差し入れたり記録をとったりしているだけの人と意見交換したいと誰が思うでしょう。

でもイヤイヤやっていたこの記録とりの経験が、後年たすけになりましたからわからないものです。

多数国が参加する国際会議の記録とりのむずかしさは、二国間会議のそれとはまったくちがいました。二国間のやりとりの記録は1対1の会話ですから比較的スジが追いやすいのです。しかし多国間会議では、各国がつぎつぎに脈絡なくいろいろなことを発言します。またせいぜい1～2時間の二国間のやりとりとちがって多くのマルチの会議は一日中が当たり前で、それが何日も続きます。普通にメモをとれば一日でゆうにノート1冊になります。それを会議終了後、短時間で数ページの報告電報にまとめなければならないのです。

なお国際会議や二国間会議では慣例としてＩＣレコーダーなどでの音声の記録は禁止されています。

記録とりのコツ

そのうちコツがわかってきました。報告電報は日本語で書くので、ノートも原則日本語でメモをとる（ただし大事なところだけ英語も併記）のです。

英語で書くとたとえばIt is vitally important for the United States toまで書いて追いつかなくなり、あとでアメリカにとってなにがvitally important（決定的に重要）だったかわからなくなってしまいます。日本語で書けば「米・極重要」だけですみます。

わたしが「考案」した方法は、

——大きな白紙を縦に三つ折りないし四つ折りし、

——左の欄から順に上から下へできるだけ小さな字で書いて、

——大事だと思うところを書いた瞬間に赤鉛筆などでかこっておく、

というものでした。小さな字を書くのは速いし、一日分でも数ページにおさめられて一目瞭然になります。報告作成の際は赤印の部分だけひろっていけばいいのです。

こうしたワザを習得すると記録作成は、苦にならなくなってきました。そのままコピーを配っても、人様にもなんとか読んでもらえる字で書けるようになりました。ジュネーブ代表部大使のとき閣僚会議や高級事務レベル協議に事務方が一人だけ入る場合には、各省庁から名指しで出席してくださいと頼まれるようになりました。大使になってまで記録とりを依頼されるというのはけっして自慢にはなりませんが、すくなくとも公平で正確であるという信頼はあったと思います。コピーはそのまま関係各省出張者に配付しました。

自分への「お疲れさま」

記録をとるのには慣れてきましたが、それでもOECDの重要な会議に本省の経済担当の最高幹部である外務審議官が出張してくるときなどは大変でした。早朝、飛行場に迎えにいき、車の中で各国の出方の予想などをブリーフします。一日中、会議の後ろにすわって記録をとります。内輪のランチでは近隣のレストランに案内し、同席して食事を注文します。

夜はトップだけの夕食会があるので車中で待ち、終わって外務審議官が出てくるとその概要につき車中で口述筆記をうけます。ホテルに送りとどけ、家で深更から会議と夕食会の記録に基づいて報告電報を起案します。休憩時の二国間会談などもあるので大量になります。

次の朝、外務審議官をホテルに迎えにいき、報告電報の決裁をうけ2日目の会議に眠さを我慢しつつ同席してやはり記録をとります。２泊３日の日程が終わり空港で見送るときは、うれしさのあまりほほえみをこらえるのが難しかったものです。

「君、今日はなんだかうれしそうだね、なにかいいことあったの」

と聞かれても、まさか、

「あなたが帰るのがうれしいんです」

とは言えません。

「お疲れさまでした」

と言うとき、自分に言っている気がしたものです。

20年後、わたし自身が外務審議官になって外国出張するようになるときはすべてがずっと簡素化しており、担当官の空港送迎も、夕食会の車中待機もなくなっていました。それでも家内は、

「きっと各地で『いやだなあ。もう来るよ』とか『やれやれやっと終わったよ』とか若い方たちが言ってるんでしょうね」

と後輩たちを気の毒がっていたものです。

メモをとらずおぼえろ

もっともガシガシとメモとりをしてはいけない場合もあります。それを最初に教えられたのは第13項で述べる主計局の主査に出向していたときでした。

次長のお供で自民党税調会長の山中貞則議員のところにでかけたときです。ＯＥＣＤ帰りで記録とり技術を習得したところでしたから、後ろの席で一生懸命ペンを動かしていると議員から一喝されました。

「そこの若いの。オレの目の前で書いたりしちゃいかん。聞いておぼえろ。そしてここを出ていってから大事なポイントだけ書くんだ」

至言でした。会議は別ですが、少人数の場合など相手の人にとって一言一句書こうとしているメモとりは目障りなことがあります。自分が上のほうになったときも結構一人で外国の要人と会いましたが、その時一言一句メモすれば相手もなかなか話してくれなくなります。会話しながら相手のポイントを記憶して車に乗ったら必死に思いおこして手帳に書いていました。これは新聞記者なども同じらしく、ある大物記者は、

「政治家や官僚が面白そうな話をしゃべりだした時は、メモとりや質問などせず、わざとつまらなそうな顔をして聞いておくんですよ」

と言っていました。

12. アイデアと努力

大きな組織の中で、

「アイツはなかなかいいぞ」

と思われるためには、やはりどれだけ人と違うアイデアを出すか、また日頃どれだけ仕事に熱意と時間をかけられるかでしょう。

アイデアを出す、発言する

かつてアメリカのコンピューター会社のCEOとシリコンバレー近くの彼の自宅で二人だけで懇談したとき、

「どうして日本のコンピューターや電機会社はアメリカのライバルから大きく水をあけられてしまったんでしょうか」

と聞いてみたことがあります。

彼は日本の会社でも働いたことのある日本通でした。鎌倉時代の見事な仏像が広い居間に1体飾ってあり、窓から見えるプライベートの広大な日本庭園にはかやぶき屋根の和風建築の家を何軒か景観のために配していました。

彼の答えは以下のようなものでした。

「それは若い人の力を使っていないからですよ。マイクロソフトのビル・ゲイツ、アップルのスティーブ・ジョブズ、アマゾンのジェフ・ベゾス、フェイスブックのマーク・ザッカーバーグなどをみればわかるようにみな20代で頭に浮かんだアイデアで起業して成功しました。しかし日本の大会社では40代、50代にならないとなかなか発言できない。あれでは世界と戦えませんよ。戦えるのは若い人に力を発揮させているオモチャやゲームの会社だけです。また日本は半導体をどうしようというのかな。誰も国家的戦略を考えていないのが心配ですね」

なるほどと思いました。

若い人にとっては多くの場合発言していいのか、自分の考えを述べていいのか迷うと思います。いつでもとにかくなにか言わなければと思う必要はありません。でも**ここぞというときは自分の意見をきちんと述べるべきです**。そのとき第5項で述べた選択肢の考え方が役にたつかもしれません。今議論されている以外にこういうことも考えられるのではないかというような示唆です。いつもまったく新規なすばらしいアイデア、意見でなくてよいのです。ほんのちょっとでも独自の視点を出せればそれなりに評価されます。

会議の席でも上司の部屋に行っての進言でもいいと思います。いっさい発言もせず提言メモも書かず、仲間うちだけでボソボソ意見を言っているのでは意味がありません。安全プレーではありますが、なんの貢献ともみなされないでしょう。城山三郎によれば渋沢栄一は大変な勉強家で、「ここはちょっとおかしいじゃないか」「こうすべきだと思う」とそれをすぐ書いた提案書を直属の上司に何度でも提出したそうです（城山三郎『雄気堂々』『少しだけ、無理をして生きる』いずれも新潮文庫）。幕末、明治時代ではないので、そんなに繰り返すと組織内で変わり者扱いされるおそれはありますが、まったく何もしないで自分の存在に気がついてくれというのは無理な話です。

話すのは早く短く

ただ、発言するのは「他の人が言っていないこと」であるべきです。また短く言う必要があります。最近いろいろなセミナーなどで若い人の発言を聞くことがあります。気になるのは、促されてもなかなか手を挙げないくせに、いったん話しだすと長く、しかも目新しくもない事実関係やベストセラーを引用してとくとくと話す人が結構いるのです。いろいろ読んだり勉強したりしていることを示したいのでしょう。でも率直に言えばまったく逆効果です。第6項に書いた「圧縮」のアドバイスはじつは学生のためだけではありません。

「若い人の視点を聞けて新鮮だった」などと上の人は言います。でもお世辞か、あるいは「自分も聞く耳を持っていて柔軟だぞ」とアピールしているだけかもしれません。

早く短く要点だけを話す訓練をするといいと思います。アメリカではエレベーター・トークと言って、ＣＥＯとエレベーターに20秒乗り合わせたらどうやって簡潔に話して自分をアピールするか、頭の中で練習しておくという有名な話があります。本当にエレベーターに乗り合わせる機会はあまりないでしょうが、こういう意識をもっていることが必要だという話です。

短距離走とマラソンの努力

新しいアイデアなどが浮かばなくとも自分を組織内で印象づけることもできます。短時間で集中的な努力をして上司を驚嘆させた人、長期間こつこつ努力して認められた人の例をお話ししましょう。それぞれ１００メートル走の瞬発力、マラソンの持続力を発揮した人物です。

「山本君」の話

〈信頼するに足る男

その頃のこと、私は何の本だったか忘れたが、読んで非常に面白いと思った。それで山本君に「君一つこれを読んで、よいと思ったら海軍省へ報告してはどうか」といって、その本を渡した。相当厚い本だから、それを読んで報告を書くには、どうせ二、三週間ぐらいはかかるだろうと思っていた。普通の人ならそれが当り前である。ところが本を渡してから三日目に、彼はちゃんと報告書を清書して持って来た。私はそのあまりに早いのに呆れて、どうしたんだと聞くと「これは早く海軍省へ報告するほうがいいと思って、私は二晩全く寝ないで書きあげました」という。それは精力絶倫といおうか、ほとんど人間業でない。私はこれは偉い男だと思った。それで「それはさぞ苦しいことだったろう。飯はどうした」と聞くと、飯も食わなかったという。「それは大変だ。とにかく飯を食いたまえ。まずい物でよければ、量の問題ならいくらでも食いたまえ」といって食事を出した。そして彼の報告を読んでみて、実によく本の要領を摑んでいるのに、改めて敬服したのであった〉（幣原喜重郎『外交五十年』中公文庫）

この「山本君」は後に連合艦隊司令長官になった山本五十六海軍武官で、この一事で上司である外務省きっての英語の達人と言われた幣原駐米大使（後の外務大臣、総理大臣）の信頼を得てしまったのです。

「宮崎さん」の話

もう一人は戦後の経済人です。

〈私は昔から、むずかしい書類は、自宅でつくることにしていた。会社にいる時には、どうしても、職場の人たちが相談にきたり、上役から呼ばれたり、電話がかかったりして、自分の机に落ち着いて座っていることがなかった。

いってみれば、むずかしい書類をつくったり、大事な手紙を書くヒマがなかったというわけである。大事な書類づくりは、やはり考える時間が必要である。そこで、夜一人になった時に、書類を書くことにしたのだ。

結婚当時は、自宅に帰って、まず風呂に入って浴衣に着がえて、ビールを飲んでから自分の部屋にこもっていた。そこで、静かに考え、書類を書いていた。まず最初に下書きをして、でき上がったら、きれいに清書をした。そうすると、どうしても夜中までかかってしまうが、そんなことには関係なく、とにかくでき上がるまで頑張った。

そして、翌朝、早く自宅をでて、八時には出勤して、夜遅くまでかかってつくった書類を課長の机の上においておいた。(中略)課長は、出勤すると机の上に書類がおいてあるの

で、必ずといっていいほど、朝一番に私のつくった書類をみてくれた〉

これは25年間も旭化成工業の社長だった後、会長もつとめた宮崎輝氏の『宮崎輝の取締役はこう勉強せよ！』(中経出版)というハウ・ツー本からの引用です。

この二人はそれぞれ自分の強みである瞬発力や持久力を発揮して上司の信頼を得たのです。どちらもいまは、はやらない昭和的なモーレツサラリーマンのイメージでしょう。日本の勤務環境は、現在急速に、より合理的に変わりつつあります。組織の多くの人が連日連夜、長時間働き、そのあと飲み会までやっていたかつてよりも今のほうが国際的な比較から見ても普通の状況です。日本がやっと変わりはじめたことは良いと思います。

しかし、次の二つだけは頭の片隅に置いたほうが良いと思います。一つはアメリカなどでも会社のエリートやその候補生たちは、一般社員と違い、膨大な量の仕事をこなしていることです。もう一つはいまワークライフバランスやノー残業を唱えている会社トップの人たちの多くは、自分自身はかつては企業戦士として実績を積み上げ、今日の地位にたどりついたことです。こういう人たちは、いま何が求められているか察知する能力が高いので、時流に先駆けたり、時勢に合わせたりして発言しています。

才能と努力と運の公式

若い人の研修に招かれたとき、わたしがよく話すのは次の公式です。

才能、環境×努力±運＝結果

才能や環境に恵まれた人もまったく努力しなければたいした結果は得られません。逆に限られた才能や恵まれない環境の人も自分の強みを活かして努力することで相当リカバーできます。じつは最後に**「±運」**と書いたのには意味があります。組織の中でどういうポジションにたどり着くかは、人間関係を含む運に左右される面があります。この場合、人間関係というのは相性などです。なかなか簡単にどうこうできるものではありません。しかし自分が力を尽くしたうえであれば納得いくはずです。組織での地位などすぐに過去のものになります。**「やれることをやらなかった」という悔いさえ残さなければいいのです。**

以上述べたことはあくまで組織内部での評価です。いま世の中は急速に変りつつあります。人生への向き合い方も多様化しています。他人の評価に自らの人生を委ねるのでなく転職や起業、兼業しようという人も増えています。仕事のほかに地域や社会のボランティアに生きがいを見出す人も増えています。家庭を重視する風潮も強まっています。何をやる場合でも自分が意義があると思うことを中途半端でなく追求していけば充実感、満足感は得られると思います。

努力も才能のうち？

「努力で才能や環境の差はかなりリカバーできますよ」

という話を学校の講演でしたことがあります。そのときある生徒から、

「でも先生、努力したり集中したりできるのは生来の性格によるんじゃありませんか。わたしはどうしても長時間、集中できないんです」

と聞かれました。わたしは、

「たしかに性格の違いはあるでしょう。だからと言って努力もしないで運まかせで結果を待っても棚からボタ餅はあまりありませんよ。まず自分が好きだとか得意だという分野を選んで短期でいいから集中するよう努力してみてください。きっと結果は変わってきます。そうすると面白くなってきますよ。勉強を、勉《つと》めを強《し》いると解釈するのではなく、勉めて強くなるという意味だと思えば楽しくなるでしょう」

と答えました。どれだけ納得してくれたかはわかりません。

13. 異次元のお隣さん
——未知の世界、違う基準

30代半ばで大きな試練が待っていました。大蔵省主計局出向というハードルでした。外務省と大蔵省は潮見坂という道路をへだててとなり合わせですがまったく別世界でした。最初は法規課に配属されました。課長は、今は亡くなられましたが、角谷正彦さんといって秀才の雲集する大蔵省でも有名な「三冠王」でした。「三冠王」というのは東大法学部首席、司法試験一番、国家公務員試験一番という意味です。しかし、冷たい秀才ではなく、じつにさばけた温かい人物でした。ウイスキーと職場が大好きで、宴会から帰宅せず、職場に戻ってきてウイスキーをなめながら、部下の間を回って雑談していました。おかげでじつにいい雰囲気のところでしたが、仕事は大変でした。

法律を知らぬ法規課長補佐

主計局法規課は、各省庁が国会に提出する法案について予算の負担が生じないかを詰めるところです。わたしは6人いた課長補佐の一人として、厚生省と労働省の担当になりました。年金や保険、医療費など厄介な仕組みの担当です。これらの役所の官房法令班などの「法律屋」グループと一人で論戦しなければなりません。そもそも法律は外交官試験で勉強した憲法、行政法と国際法しか読んだことがありません。廃棄物処理の法案について、

「あとで問題が生じないかな」

とつぶやくと、先方から、

「補佐はそもそも民法415条の債務不履行の議論をしておられるのですか、それとも709条の不法行為の議論をしておられるのですか」

などと言われますが、なんのことかさっぱりわかりません。

「まあ今日はこの辺で」

などと適当なことを言ってなんとかうちきり、あとで調べたりしました。法規課補佐と名乗りつつ民法すら知らないのですからお粗末でした。当時は出勤途上で役所が近づくと「アーア」とか声が出てしまい、不登校の子供の気持ちがわかる気がしたものです。

素人がベテランに講義

もう一つ大変だったのが会計研修所での講義です。会計法の契約について200人もの会計職員に3時間の授業を7回、計21時間やることになっていました。そもそも会計法なんて聞いたこともありませんでした。本屋でいろいろな解説書を買ってきて、まるで受験

生のようにサブノートを作って丸暗記しました。夜中に帰ってからの勉強です。ど素人が実地の専門家に講義するので質問を受けるとボロを出すのでしゃべり続けます。あるとき、

「契約前にセイショ（請書）をつくることがあります」

と説明したら生徒から、

「我々はウケショと言っていますが、専門用語ではセイショなのですか」

と聞かれ、法規課に戻って聞いたら、

「それはウケショですよ」

と笑われたこともあります。もっともわたし一人ではなく大蔵省の人でも何人か同様に苦労していた方々もいたのが救いでした。一人の補佐などは講義時間を短くするため1時間くらい遅く出ることにしており、会計研修所から問い合わせが入るとわたしの隣で「もう出たと言っておけ」と係長に指示していました。まるで蕎麦屋の出前だな、と笑ってみていました。

まったく違う価値観

法規課の次は予算査定を担当する主査になりました。主計局長の下に3人の次長がおり、それぞれの次長の下に3人ずつくらい主計官がいて、各主計官がまた3人ずつくらい

の主査を担当するのです。計30人未満の主査で日本国全体の予算配分を分担するのです。主査は課長補佐クラスですが予算をどれくらいつけるかの査定をする実質的責任者なので各省庁の課長が相手でした。わたしの係はわたしのほか補佐1、係長1、係員3の計5人でした。これでも多いくらいで、少ないところは主査のほか3人くらいでした。

初めに山口光秀主計局長(後に大蔵事務次官、日銀総裁)から全主査に、

「各省大臣になったつもりでなく、総理大臣になったつもりで査定するように」

との訓示があり、さすが天下の大蔵省主計局と思いました。

外務省と大蔵省は隣り合わせですがまったく仕事の考え方が違う世界でした。主査として初めて査定した年です。9月1日から各省の提出した予算案のヒアリングを始めます。わたしは局の総務課から一律に届いたカット率の指示に予算案がおさまるように、これはOKとかこれは8割だとか各項目ごとに査定の指示を出していきました。部下たちはわたしの指示を具体的な予算表の形にするため徹夜にちかい状態をつづけました。

言われたとおりに切ったのに……

そうした9月下旬の深夜、帰宅途中、地下鉄丸ノ内線の中で主計局の他の担当の補佐と会いました。

「藤崎さん、大体形はつけましたか」

と聞かれました。

「うん、指示どおりに切りましたよ」

というと、相手はびっくりして、

「えっ、それで本当に相手の役所を納得させられるんですか。どの主査も毎年総務課のカット率の指示通りなんかに初めから切りませんよ」

と言われました。一瞬体から血の気が引きました。とうとうやらかしたかという一種の既視感《デジャヴュ》があったのをおぼえています。

そのまま役所にとって返し、部下に平謝りして、査定をやり直しました。膨大な作業のやり直しでした。だいぶ戻しましたが、それでも数日後に上司の藤原和人主計官（後に国土事務次官、十八銀行頭取）にわたしの査定結果を説明すると、

「よくこんなに切ったなあ。これで相手省庁との関係が持つかなあ」

と言われました。その後も10月、11月とこの査定結果を、主計局次長との局議や主計局長との重要局議などで説明する機会がありました。何度も何度も出来の悪い答案を見せられるようでつらいものがありました。ひまなときに大蔵省の図書室――文庫と言うのですが――に行ったら森永貞一郎元大蔵事務次官、日銀総裁の回顧録がありました。目を通すと

最初に主計局の主査として査定して主計局長に説明したとき、

「切りすぎているようだが大丈夫か」

と言われて心配したことが書いてありました。ああこんな人でもそうだったのか、と力づけられたり、早くこの本を読んでいればなあと思ったりしました。

その後、第一次査定よりもっと切り込めという指示が局の総務課から各主計官に来て主計官が各主査に指示しました。わたしについては「もっと切れ」とは言われませんでした。年末に藤原主計官から、

「君は最初に思いきって切ったので追加のカットをさせなかった、君の作戦勝ちだったな」

と言われました。実態は作戦どころではなく単に無知でした。結果オーライというだけで、途中数ヵ月はヒヤヒヤものでした。

外務省では上から「なにかやれ」と言われたらそれをやった上でできればさらにプラスアルファをやることで認められようとします。今は知りませんが当時の大蔵省主計局では自分の担当の役所の予算を上から前年の10％減にしろと言われたらたとえば7％減にしておいて、なぜ指示通り切れないか理屈づけを考えます。そしてこれが通れば相手の役所からは「主査が守ってくれた」と感謝され、局内でもワルと評価されたのです。

だからこそ、主査や主計官のポストも経験してきた主計局長が担当省の大臣になってはダ

メだ、総理大臣になったつもりになれとゲキをとばしていたわけです。やはりまったく新しい仕事をまかされたときは体験談を探し、先輩や関係者から話をよく聞いて仕事の勘どころをつかむべきでしょう。苦しい経験をしてからは予算にもだんだん慣れていきました。

以上、苦労はしましたが本当に勉強になりました。また厳しい状況でもなんとかなるさ、という自信もつきました。もう40年前の話ですが面白いもので今でも当時の上司や部下とは親しく、飲み会をするなどつきあいがあります。とくに何もわからず右往左往していたとき助けてくれた人はありがたいと思いました。その後、大使館勤務などでいろいろな役所から出向してきた若い人に、どこまでできたかはわかりませんが裏面からサポートすることを心がけました。

出向は長い公務員生活でも最も充実した期間だったかもしれません。会社員や公務員はもし出向という機会があればぜひ積極的に志望して新しい世界でチャレンジされると良いと思います。

14．組織への忠誠心はほどほどに ――片想いは失恋のもと

新設ポストの悲哀

主計局から外務省への戻りはなかなかきびしいものでした。出向した先輩たちは、みな外務省の重要な課長に戻っていました。ある日、主計局のわたしの席へ、評論家として後年名を成した岡崎久彦調査企画部長から電話がありました。

「キミ、いついつの日を空けておいてくれ、娘の結婚式だから」

と言うのです。

「えっ、わたしがですか」

と聞きかえしました。岡崎さんは小学校の先輩で、家も近くですので通勤でご一緒することもあったのですが、令嬢の結婚式によばれるほど親しいとも思っていなかったのです。

「なんだ聞いていないのか。キミは僕のところに来るんだよ。今度調査企画部に安全保障政策室というのをつくることになった。キミがそこの初代の室長だ」

「それは何をするところですか」

「それはキミが来てから考えるんだよ」

普通は、そうはいっても実際にはなにか仕事はあるものです。しかし行ってみると本当に何もありませんでした。室は大会議場の隣の電灯のスイッチ用の小さな部屋で、室員は4名、仕事なし、予算もなしでした。

あとからわかったのは、当時世間では、外務省は安全保障を日米安保という枠組みでしか考えていない、もっと大所高所から考えるべきだという批判がありました。なにか対応する必要があるということで外務省として、こういう室をつくりました、と言えるように、とりあえず省内で一番発言力の弱い調査企画部（わたしが着任後数ヵ月で情報調査局に昇格、ただこれも名前だけの昇格でした）に新しい室をつくったのです。ところが、日米安保や条約のポジションを経験した外務省主流の人たちは、その新しい室の必要性を認めていませんでした。外との関係で形だけつくったのだから、むやみにはりきって余計なことをしてくれるな、というのが本音だったのでしょう。ジャカルタで一緒で個人的に親しかった北米局の沼田貞昭安全保障課長（後に駐カナダ大使）だけが協力的でした。

しかし、こちらは働きざかりの30代半ばですから新聞を読んで毎日時間をつぶす気にはなれません。情報もほとんど回ってこないのです。在外公館からの公電や総理や大臣の会談記録を見せてくださいと主要な地域課長のところに行って頼んでも断られました。根本のところでは調査企画部ないし情報調査局に対する信頼感がなかったためだと思われました。同じ省内とはいえ、実際に機微な外交にたずさわっていない者に情報を渡して、勝手に分析を書かれたりしゃべられたりしたくないという気持ちだったのでしょう。岡崎さんはすでに本も何冊か書き、外では論客で通っていましたが、それもあってか省内では主要な議論の場には入っていないようでした。

そんななかで大蔵省主計局の仲間がわたしの室に予算をつけ、援護射撃してくれたので主要公館の安全保障担当者をあつめた会議を開いたりして一気に新しいポストとして花開きました。縁を大事にしてくれる主計局の濃さに感謝しました。なおこの室は35年後の今は所属局も変わり外務省の中核的な主要な大きな課になっています。

舞台は回る

その数年後、わたしは外務省の予算を配分する大臣官房の課長を二つ連続して務めることになりました。勤務環境のきびしい開発途上国の小さい公館や新規開設した部署には特に手厚く対応することにしました。かつて廊下でろくに挨拶も返してくれず、けんもほろろの対応だった先輩や同僚も手の平をかえすようにすり寄ってきました。同じ人かと思うように愛想がよくなり、こちらのほうが気恥ずかしい感じでした。この経験から、わたし

は後輩たちには、

「あまり自分の一時の小さい権力や立場にふんぞりかえって人を粗末にしないほうがいいよ、**いつ逆転するかわからないのだから**」

と言っていました。課や局のためにいくらがんばっても1〜2年後にはちがうところにいるかもしれません。たとえば予算やタクシー券は、新設の安全保障政策室にいっさい分けられないと、わざわざわたしの席にまで強い口調で通告に来た課長補佐はその数年後、わたしの部下になりました。課や局イノチと思い込んで、人間関係をぎくしゃくさせてまで感情的にがんばる人よりも、議論してもその後いっしょに飲みにいって友人になってしまう人のほうが賢明です。そうした部下のほうが上からも頼もしくみえるはずです。これは公務員の初任研修などに講師で行ったときお話ししていることです。

その関連で子会社などへの出向について述べたいと思います。ある会社の中堅部長クラスと話していて「何か上の人に言いたいことはありますか」と聞きました。

「出向が片道ばかりで戻ることがない。もし時々は戻る例があると子会社でも受け入れ方が違うし、本社の若い連中の態度も変わってくるはずなんですが」

と言うのです。もっともだと思ったので会社のトップたちと一緒の場で提起しました。

すると一緒にいた三菱東京ＵＦＪ銀行の頭取、会長、全国銀行協会会長までつとめ２０２１年に亡くなった永易克典氏が、

「同感ですね。じつはわたしも取締役時代、数年間出向させられたんですが、コイツはここで終わりだと思われたんでしょう。急に態度を変えた後輩たちがいたんですよ。わたしは忘れませんでしたよ」

と言われたことがありました。彼ほどエリート中のエリートという感じの人でもそんなことがあったのかと思ったので憶えています。

他省庁との縄張り争い

他省庁との関係も同様です。経済問題では、外務省はとくに経済産業省（かつては通商産業省）などと主導権争いすることがあります。外務省経済局で担当した国際エネルギー課長はまさにそういうたぐいのポストでした。しかし、幸いなことに通産省資源エネルギー庁の林康夫国際資源課長（後に中小企業庁長官、ジェトロ理事長）が立派な人でお互いに腹を割って話し合う関係になりました。林さんはその回顧録『国際経済の荒波を駆ける』（エネルギーフォーラム）で、

「外務省の国際エネルギー課長（中略）もいつも一緒だった。二人は（中略）ＳＬＴ（長期

協力委員会）の共同副議長もしていた。外務省と通産省がそれぞれ競い合って代表を出す慣行は昔から続いていて、時には相互に厳しい関係もあったようだ。（中略）藤崎課長と私はお互いに敬意を払っており、問題には共同して対応したことも多く、おそらく日本のプレゼンスはかなり高まったものと思う」

と書いてくれています。二人とも争うべき相手はお互いでなく国外にありと認識していました。

第一印象を信じる

部署を変わったり新しい任務についたりすると、ちょっとおかしいなとか、こうしたらどうだろうと思ったりするものです。そのまま1年もたつと慣れてきて自分も慣習や惰性に染まってしまいます。しかし当初感じたことが妥当な場合が多いと思います。ですから着任したら感覚がフレッシュなうちにすぐに改革は着手したほうがいいと思います。ポストにいる間にできることをするという気構え、英語で言うとちがいを示すという意味のmake a differenceが大事です。これはポストの大小にかかわらず同じことです。

ジュネーブ代表部大使のときも駐米大使のときも、わたしは着任と同時に前任者のやり方を大きく変えました。これは退官後に就任した財団法人、社団法人、学校法人の会長や理事長ポストでも同様です。もちろんこれまでのやり方になじんだ部下の中には変化を歓迎しない人もいました。直言されたことも何度かあります。しかし意見には耳を傾けた上で最終的には自分の正しいと思うことを通すことにしてきました。それがリーダーの責任であり存在意義でしょう。安易に妥協しては自分がなんのためにそこにいるかわからなくなってしまいます。

ただ、ちょっと逆なようですが、同時に自分は長いリレーの走者の一人に過ぎず、その職を前の人から受け継ぎ次の人にバトンをきちんと渡す存在にすぎない、という意識もどこかに持っていることも大事です。

つまり、改革するために改革してはいけない、自分のカラーを出すためではない、必要だから改革するのだということです。

15. 報連相(ホウレンソウ)——ひとことで違う

よく**ホウレンソウ**(**報連相―報告・連絡・相談**)が大事だといいます。たしかに組織の中で問題になるのは報告、連絡、相談の失敗です。政策的な判断は、幹部になるまでは自分一人で行うことはあまりありません。「赤信号、みんなで渡ればこわくない」というわけではありませんが、あまり判断ミスを問われることはありません。しかし報告、連絡、相談のミスの危険は常にあります。

大山元帥の「どこかで戦はごわすか」

「児玉さん、今日もどこかで戦（ユッサ）はごわすか」

日露戦争時の総司令官・大山巌元帥の有名なセリフです。指揮を児玉源太郎総参謀長にゆだねきった大山元帥の茫洋とした大人物ぶりを示すものとされます。司馬遼太郎『坂の上の雲』（文藝春秋社）もそう解釈しています。

しかし、違う解釈もあるのです。『今村均回顧録』（芙蓉書房）に書かれている、上原勇作元帥の副官を務めていた今村少佐の説です。じつは大山元帥は祭り上げられていたというのです。陛下からお預かりした兵の生死が心配なのに総司令部の参謀たちは忙しがって報告に来ません。大山元帥は当時第四軍参謀長だった上原氏らに日頃こぼしていたそうです。だから先のせりふはじつは、

「児玉さん、戦況は報告しなけりゃなりませんよ」

と不満の意思を婉曲に表現したものだったというのです。なるほどと思いました。上の

人はこまかく口出ししていると思われたくないけれど、じつは、

「おい、どうなってんだ」

と聞きたいものなのです。

関空でのニアミス

わたしは何度か危ない目にあいました。いつも仕事になれてきて慢心する頃でした。大蔵省主計局の時もありました。わたしが担当していた環境庁の課長から、

「今年は調査予算が若干余っています。関西空港プロジェクトについては、まだ建設するか何も決まっていないようですが、今のうちに環境影響評価調査をあらかじめやっておきたいと思っていますのでご承知おきください」

という話がありました。もっともだと思ったので了解しました。

数週間後、上司だった宍倉宗夫主計局次長（後に防衛事務次官）の部屋で雑談しているとき、

「そういえばこんな話がありましたよ」

と軽く触れたところ、

「環境影響評価調査を認めるということは関西空港について建設の可能性がゼロではないということを意味するだろ。当然事前に与党などへ根回ししなければならないだろうな」

と言うのです。言われてみればまったくその通りです。薄暗い長い長い主計局の廊下を急ぎ足で自分の机に戻りました。環境庁の課長に、

「あれはとりあえず差し止めてください」

と電話しました。

「あなたの了解を得たからもう契約して発注しました。いまさらストップはできません」

との反応でした。このときは本当に前門のトラ、後門のオオカミに挟みうちになった気がしました。もう逃げ道がないので肚を決めてジタバタしないことにしました。数ヵ月後、次長が交代し、新しく着任した保田博次長（後に大蔵事務次官）への所管事項ブリーフの際に、

「関西空港についてはまだ方向性は決まっていませんが、念のため環境影響評価調査だけは進めています」

と報告したところ、

「そうか」

の一言で終わりました。これは、けっしてほめられたことではありません。上司にきちんと説明して善後策を協議すべきでした。慣れでいわゆるホウレンソウをおこたると大変なことになると身に沁みました。

中二階——とばしとばされ

もっともその後外務省に戻っても何度か慣れと慢心から失敗しました。課長や出先の参事官となり、仕事を実質的に仕切る立場になってからです。このレベルと局長や大使との間の俗に「中二階」と呼ばれる、本省の審議官や在外公館の公使のポストの上司がいます。急ぎのあまり、こういう人をすっ飛ばして局長や大使などの上司と話をつけてしまい、あとで激怒されるという失敗は、繰り返しました。

経済局の課長時代に通産省との交渉案件を急いでまとめる時、この程度の問題なら外務省が降りていいだろうと判断し、局長の同意の感触も内々に得てからまとめたことがあります。ところが、決裁書が上がるとわたしと局長との間の地位の審議官に、

「なぜ降りた。外務省の立場を弱めるような合意に自分は絶対に判を押さない。それでも君は上に持っていくのか」

と言われ、窮しました。評論家の小林秀雄が、**「人は自分の性格にあった事件にしか出会わない」**と言っていますが、まさに至言です。これらの経験から自分が中二階になったときは、飛ばされても文句を言わないようにしました。

大臣をとばす？

こうした経験の最後はわたしが外務審議官の時でした。あるＦＴＡ交渉のとき首脳間で大筋合意をつくることになりました。首脳会談の日程がせまっても日本側の担当省庁がどうしても降りないので首席交渉官のわたしがなんとか相手国を説き伏せました。町村信孝外務大臣が外遊中だったので出張同行中の幹部から大臣に説明して了承を得るよう部下に指示しました。わたしは東京で小泉純一郎総理に直接説明し、了承を得ました。大臣の帰国後、大臣室に行き、

「総理の了承も得ました」

と報告するとなんと、

「日本側の担当省庁にもっと譲歩させるべきで、そんな案でまとめるべきではなかった。聞いていない。納得できない」

と言うのです。いまさら「ご出張先でご説明するよう指示しました」と申し開きしてもはじまらないので、自分でかぶることにしました。夜半大臣の自宅に電話して謝って、一応了承はいただきました。しかしそれ以来、大臣の信頼は揺らいだように思いました。大事な案件である以上、時差があるにせよ、わたし自身が直接外遊先の大臣に電話すべきでした。

報告連絡はまずひとことで

アジア局の局長と課長の間の参事官をしているとき、部下である課長らを見ていて要領のいい人とそうでない人との差がわかりました。良くない人というのは局長室の週例の会議で何ページもある資料を配って、そもそもの経緯などから説明を始めるのです。多忙な川島裕局長（元外務事務次官、元侍従長）がジリジリしてくるのがわかります。ああ来るな、と思っていると案の定、

「要するにどうしろと言うんだ！」

という声が上から落ちてきます。これにひきかえ要領のいい人はできれば会議前に1分間でも局長室にとびこむか廊下で局長をつかまえて歩きながら、

「今日の会議でこういう案件につきお話しします、とりあえずこういう方向で話しますが、結論についてはまたあとでご相談にうかがいます」

とか言って〝頭出し〟をすませておくのです。また会議では、経緯などはごく短く説明し、オプション（選択肢）を提示し各々の得失を簡単に話します。

電話報告についても書きます。わたしが北米局長時代、沖縄などでよく米兵の事件事故がおきました。夜中に報告電話がかかってきます。

なれない人だとこんなやりとりになります。

「局長のお宅ですか」

「はい藤崎です」

「夜分遅くすみません。11時27分沖縄事務所の次長から電話が入りました。キャンプシュワブの海兵隊司令部勤務の第3海兵師団第4海兵連隊所属のジャック・ジョーンズ（仮名）伍長28歳が本日勤務後、夜私用で那覇の飲食街栄町に赴き、帰路単身で私用車を運転して国道58号線を北上中に、9時40分ごろ追突事故を起こしました。相手は日本人の運転する乗用車で、乗っていた三人のうち二人が病院に運ばれました。ジョーンズの身柄は米軍が確保しています。飲酒中だったかは判明していません」

わたしとしては一体どこまで深刻な事故なのかジリジリしながら聞いています。要領のいい人は、

「局長、今晩沖縄で米兵の自動車事故がありました。死者、重傷者はありません」

と最初に言ってくれます。わたしは大臣や官邸に深夜電話しなくていいんだなと安心しながら聞けるのです。

若い頃いろいろ調べて自分なりにきちんとした報告書をつくっても上司がろくに読まず

に口答報告を求めるので、ひそかに腹をたてたものでした。

ところが自分が年をとると、

「要するになんだ、一言で言ってみてくれないか」

と言うようになりました。若い人は、こういう手合いを相手にしていることをおぼえておいてください。

16. 思い込まずに「ちょっと待てよ」

第12項でタイミングよく新しいことを発言することおよび努力の重要性を述べました。ここで〝落とし穴〟について述べます。思い込みです。

社会人として頭の片隅に置いておくことが大事なのは、一見当たりまえだったり、よく言われたりする事柄について、

「ちょっと待てよ、本当かな」

と思う心ではないかと思います。「学生の『アイウエオ』」の項で、疑うことが大事で、本や権威をう呑みにしないほうがいいと書きました。それに通じるところもありますが、

別に権威でなくとも日常的にあります。
まず初めによく聞く議論をカギカッコ内に書きます。もしかしたら正しいかもしれません。でも少なくとも議論の余地があるはずです。疑問を持つクセをつけておくことが大事だと思うのであげてみます。第二次大戦の例と最近の米国、中国と北朝鮮の例でお話しします。

山本五十六の真珠湾攻撃の理由

「山本五十六連合艦隊司令官はアメリカ駐在経験があり、ピッツバーグの製鉄業など米国の底力を知っていた。だから対米戦争は無理だとわかっていた。唯一の方策は真珠湾を叩き、米国の空母を沈めて戦意をくじいてできるだけ早く講和にもちこむことだと判断した。そこで渋る海軍軍令部を説き伏せた」

たとえば「大抵のことは長岡中学校の先輩（筆者註・山本司令官）のことを弁護する」と自任する歴史探偵の半藤一利氏は「山本の戦略とは、くり返していえば、国力の乏しい寡兵の日本海軍は（中略）全力決戦をもってし、それに勝ちぬき（そのこと自体が困難なのだが）、敵の戦意を沮喪させ、そのうえで獲得したすべてを譲って一挙に戦争終結に導く。

そうした思いきった戦略および戦術思想以外に、戦う方法はない、ということにあった」としています（半藤一利『山本五十六』平凡社）。

しかしそこで「ちょっと待てよ」と以下のように考えてみましょう。

真珠湾での戦果は予想以上に小さく、主力空母は取り逃しました。しかしたとえ所期の成果を挙げたとしても米国はハワイの真珠湾と海上勢力の一部を叩かれたぐらいで戦意を沮喪して、講和に応じるような国でしょうか。否。復讐心を燃えあがらせるでしょう。現代史をみても自分にたてついたキューバもイランもなかなか許さない国です。強い製鉄業のおかげで船や飛行機の増産は短期間に可能でした。在米大使館海軍武官として米国の工業力も米国人の性格も知っていた山本は真珠湾攻撃の勝利などで講和に持ち込める可能性はまずないことは承知だったと思います。山本が連合艦隊司令長官として近衛文麿総理に「それは是非ともやれと言われるなら最初の1年や1年半は思う存分暴れて見せます」と言ったのは有名な話です。この自分の言葉に縛られてしまったのかもしれません。彼の盟友だった井上成美元海軍大将も戦後、「山本さんは何故あんなことを言ったのか。——海軍は対米戦争やれません。やれば必ず負けます。それで連合艦隊司令長官の資格がないというなら、私は辞めますと何故はっきり言いきらなかったか」と述べた由です（阿川弘之「米内光政」新潮社）。当時在米大使館の海軍武官補佐官だった戦史家の実松譲氏は在米大使館の怠慢による通告の遅れが山本の目論見とちがって米国民の戦意を高揚させる結果になってしまったと読めるような主張をしています（実松譲『真珠湾までの365日』光人社NF文庫）。しかし、対米通告の内容は宣戦ではなく交渉打ち切りに過ぎなかったし、通告が間に合っていれば米国民は憤激せず講和に進んだかもしれないという議論には無理があるように思います。

広田弘毅と軍部の関係

「外交官出身の広田弘毅元総理は軍部に全力で抵抗したが、極東裁判では一切弁解もせず弁護も求めず、文官で一人だけ死刑になった」

これは、城山三郎の『落日燃ゆ』でつくられたイメージが大きいと思います。城山氏は、広田はあの時代にできる、ギリギリの抵抗をしたというスタンスで書いています。

これも「ちょっと待てよ、本当に広田は軍部と対立したのだろうか」と考えてみるのです。日独伊三国同盟につながった日独防共協定を締結したのも、陸海軍大臣は現役軍人に限るという軍部に絶大な権限を与えることになった制度を導入したのも広田内閣でした。でも別にこういう歴史的事実を調べなくともよいのです。軍部が自らに本気で抵抗する人物が外相、総理になることに同意しただろうかと考えれば答えは自明です。

宇垣一成は陸軍大将だったにもかかわらず軍縮を進めるなど現役陸軍軍人と意見が違ったので組閣できませんでした。親英米派と目された吉田茂は広田内閣の外務大臣になれないどころか終戦前に一時憲兵隊に収監されています。斎藤隆夫衆議院議員が、支那事変の処理について、ほかの議員たちが軍部の圧力を恐れて重大な問題なのに触れないのは意気地ない、として1940年に正面からとりあげて質問した結果、議会から除名されてしまった時代です。

城山氏のいう広田のギリギリの抵抗は、おそらく吉田茂や斎藤隆夫のような職を賭すという覚悟ではない範囲での抵抗だったのでしょう。

これは服部龍二『広田弘毅――「悲劇の宰相」の実像』（中公新書）や石射猪太郎『外交官の一生』（中公文庫）にも書かれています。ちなみにこの石射元大使の回顧録は外交官の回顧録として出色に面白いです。陸軍を抑えるためにいかに腐心したかの苦労をよく描いています。本筋ではありませんが東亜局長時代、新橋に軍部を招いたとき新橋芸者がおとなし過ぎるので盛り上げるため向島の芸者を呼んで騒いだら、新橋芸者を怒らせ、その後仕事で行ってもそっぽをむかれてつらかったという失敗談まで書いています。

トランプ、バイデン大統領の誕生は予想できたか

「グローバル化で仕事を失った米国・ラストベルトの白人労働者の不満に焦点をうまく合わせたトランプが2016年の大統領選挙に勝つことは予想できた。しかし彼のコロナ対策を含む独善的なやりかたに飽きた米国民が2020年、バイデンを選ぶことも予想できた」

米国大統領選挙は総得票数ではなく、州ごとに割り当てられた選挙人総計538人の過半数の270人をとったほうが勝ちです。ほとんどの州では1票でも多くとった方が全選挙人を獲得できます。西部や北東部は民主党、南部は共和党とおおむね決まっていますので中西部などのいわゆる接戦州スイングステートの動向が鍵になります。2016年ではヒラリー候補は総得票数では300万票近く上回りましたが、ラストベルトなど本来とるべき接戦州を落として敗北しました。今回バイデン候補は総得票数ではトランプ候補を700万票余上回りましたが、接戦4州での両候補の差はジョージア1万票、アリゾナ1万票、ネバダ2万票、ウィスコンシン3万票という僅かなものでした。この計8万人の人々の半分の4万人が逆に投票していればトランプ候補の勝ちだったのです。2016年もこれに近い僅差でした。制度上僅差で結果が逆転する選挙結果を細かく州ごとに見ずに自信を持って見通せるものではありません。

中国をＷＴＯに加入させた米国の思惑

「中国を２００１年、ＷＴＯに加入させたのは、豊かな社会にすれば中国は民主化すると米国などが考えていたからである。しかし、中国はこの期待を裏切り、専制主義を強め力による現状変更を図り続けた。このため米国はじめ西側諸国は対中政策を変更せざるを得なくなった」

これは、米国発ですが日本でもいまよく聞かれる議論です。これも「ちょっと待てよ」と考えられると思います。豊かな社会になれば中国では中産階級が発達し、民主化する……と西側は本当に思ったでしょうか。今の体制で一番利益を受ける支配層はむしろ既得権益、既存体制を守ろうとするに決まっているでしょう。天安門事件で力ずくで民衆を抑え込んでからたった十年余りの共産党が民主化していくと西側が期待していたというのは一部の人だけの話でしょう。中国の安価な労働力と膨大な市場に魅かれＷＴＯに入れてみたが、当初思っていた以上に中国が強大になってしまい、言うことを聞かなくなった――というほうが真相に近いのではないでしょうか。２０００年時点で米国の１割だった中国のＧＤＰが10年後に４割、20年後に７割近くになるとは想像できなかったのです。

北朝鮮の指導者の兄や叔父殺しは想像外か

「北朝鮮の金正恩は叔父や実兄を殺すなど残虐極まりない。異常な人間で想像を超えている」

「ちょっと待てよ」と考えましょう。ハムレットや織田信長の話を見ても古今東西、支配者にとっては親類兄弟や後継候補が一番の脅威です。自らにとって代わろうとする可能性があるからです。毛沢東も、徐々に実力を伸ばしてきたナンバーツーの劉少奇やナンバースリーの林彪を追い落とすために多数の人が命を落とした文化大革命を主導することで復権しました。

金正恩に驚いたふりをするのは偽善です。

大事なことなので繰り返します。

カギカッコ内のよく聞く議論をただ「人がよく言うから」という理由だけでオウム返しせず、**もう一度自分の頭で考え直すくせをつける**のです。その結果、やはり元のカギカッコ内の議論に戻るのであればそれでもいいのです。一応考え直すこと自体に意味がありま す。結論が突飛すぎると笑われそうだと思うなら、人に言う必要もありません。

この「ちょっと待てよ」という発想が、実際の自分の仕事にどう関わったか個人的体験を一例書きます。大蔵省主計局主査のとき、国立国会図書館もわたしの担当のひとつでした。本館の横に地上4階、地下8階の新館をつくり本館の倍近い本を収蔵する計画がありました。建設の最後の年は、全12階分の書庫なども整備するので予算が枠から大幅に超過してしまう見込みでした。この前提を受け入れて工事を始めると後年度に困ることになります。どうするか苦慮していました。ある日、

「ちょっと待てよ、すでにある本館に追加的につくるのだから新館の書庫はいっぺんに全部必要なわけではないだろう。数階分ずつ整備すればいいのではないか」

とふと思いつきました。わたしの相談相手の役目だった主計局のベテランの補佐に相談すると、

「国の施設で外側は新築して中身は少しずつ整備するなんて考えられませんよ」

という反応でした。しかし背に腹はかえられません。国会図書館の会計課長を呼んで打診したら、

「やはりそこに気づかれましたか。じつはわたしどももそうせざるを得ないかもしれないと思って、言われるような案を内々につくっていました」

と言うのです。実際に新館庁舎は1986年、書庫の一部を除いて開館し、外務省に戻

っていたわたしも開館式に参列しました。全館の書庫が完成したのは1993年でした。

これは先に述べた歴史や国際情勢の例に較べると小さな話です。しかし日々の仕事でも前提と思っていることをひょっと外してみると、急に違った景色が見えてくるという例であげてみました。

17. サブとロジ　――つまずきやすいロジ

どの職場でもそうですがサブとロジがあります。サブはサブスタンス、すなわち交渉や会議での発言や意思決定の仕事です。ロジはロジスティクスの略で会議場の手配や食事や配車や宿舎の手配などいわゆるサポート業務です。サブのほうが重要そうにみえますが、ロジは関係者のプライドや感情に直結する場合があり、じつはサブと同様に大事なのです。特にロジは個人で対応する場合が多いので往々にしてリスクが高いのです。わたしはサブで激怒された記憶はありません。ジャカルタ、パリで上司の大目玉を食らったのはいずれもロジでした。

ジャカルタのタワーレストラン

ジャカルタで、吉良秀通大使が日本から訪問した経済界のグループを招き昼食会を開いた時です。わたしのみが同席を命じられ、高層ビル最上階のレストランに先に行って配席をチェックしたりしていました。ところが待てど暮らせど大使も客も来ません。もしや玄関で待っているのかなと思いエレベーターで降りました。二つエレベーターがあり、わたしのほうが下がっていくともう一台が昇っていきました。イヤな予感がしました。玄関に行くとだれもおらず、すぐ上がって元の部屋にいくと大使が一行と一緒に待っていて、

「誰もいなかった。一体なにやっとったんだ」

と怒鳴られました。一行の手前、ふだん温厚な大使も怒らざるをえなかったのでしょう。

「ずっと待っていたんです」

と釈明しても火に油を注ぐだけだと思い神妙な顔で謝りました。今は携帯がありますから連絡はつくでしょうが、とにかく持ち場を離れないのが鉄則、と学びました。

パリでの案文か、夕食会か

パリでも似たようなことで失敗しました。ＯＥＣＤ閣僚会議の前で各省庁の幹部が出張に来ていました。宮崎弘道大使がみなを招いて公邸で夕食会を行いました。ところが閣僚

会議の宣言案についての日本政府の修正案の責任者だった外務省の課長が、

「僕一人では大変なので君もぜひ協力してくれ」

と言うのです。出先の担当官としては何年も先輩の本省の課長に頼まれるのはうれしい面もありました。一緒に膝をつきあわせてOECD事務局の部屋で英文修正案をつくりました。それを持って事務局幹部に説明に行く課長と別れて公邸に駆けつけました。ちょうど時間に着いたのですが全員そろっており、大使はカンカンでした。

「課長と修正案をつくっておりました」

と釈明したのですが、

「担当官は先に来ていなくちゃいけないのに遅れるなんてダメじゃないか」

とみなの前できびしく叱られました。この大使はエコノミストを自任する有名な仕事師だったのでロジなどにこだわらず、担当官は日本案づくりに没頭するのが当たり前だと考えてくれるだろうと思い込んでいたのが油断でした。携帯電話がある今なら簡単ですが、なんとしても一報だけは入れておくべきでした。

ロジはすべてうまくいって当たり前

右の話は、いずれもたいした問題ではありません。でも上の人には気の利かん男だなとか、ちょっと任せられん奴だなとかインプットされてしまうのでやはりまずいのです。

会社でも官庁でも同じことですが、組織のトップにとってはすべての段取りが整っているテスムーズに進行し、担当責任者がその場にいるのが当たり前なのです。いないということ自体が許されないのです。じつは若い人がうっかり見落としてしまうのは多くの上司ははじめから上にいるわけではなく、サブもロジもうまくこなして階段を上ったということです。ですからトップの人は春風駘蕩を装っていてもじつはせっかちで細かいことに気づく人が多いのです。

ロジがうまくいかず上司の機嫌を損ねたことを吉田茂が書いているのは面白いです。彼はベルサイユ講和会議に義父牧野伸顕全権の随員としてもぐりこみます。帰路、もう一人の全権の西園寺公爵の秘書で養子でもある西園寺八郎は手回しよくトーマス・クック旅行社に一切の世話をまかせましたが、吉田にはそうした知恵はありませんでした。その結果、西園寺全権側が受けた至れり尽くせりの行き届いたサービスに比較して牧野全権側は惨憺たる有り様だったようです。

「平素余り人を叱ったことなどのない牧野伯も、余程こたえたとみえて、ロンドンから日本へ帰る月余に亘る航海中、横浜へ着くまで殆ど口をきいてもらえなかった」

と書いています（吉田茂『回想十年』中公文庫）。吉田は牧野の女婿だったので人事上のおとがめがなくて済みましたが、そうでなければ大変なことになっていたでしょう。出先にいた時、総理や大臣などの一行が来られたことは何度もありました。

要人訪問のときは出迎えは誰か、相手の誰が会うか、時間はどれくらいとれるか、食事はどうなるか、宿舎はオファーされるかなど気を使います。メディアの人に聞かれるとわたしは、

「そんな形式より中身のほうがだいじですよ」

といっていましたが、やはり相手がこちらをどう見てくれているかのリトマス試験紙でもあり、本当のところは気にしていました。

中国はこういうことに徹底的にこだわる国なので米国への要求もきびしいようです。

「中国は座席表にもこだわった。通常訪問する男性の元首は大統領夫人の横にすわり、その配偶者が大統領の横に座る。しかし中国側はこの慣例を拒否し、胡錦濤主席は名誉にかけてブッシュ大統領の横に座るべきだと主張し、意見を押し通した。二人の指導者の間には米国人の通訳が座ることになっていたが、驚いたことには当日、中国人の女性通訳が勝手に食堂に入り込んで札を入れ替え、自分が座ろうとしていた。ホワイトハウスの女性儀典長は彼女とのやりとりを制し、米国人通訳を座らせて、まだ食事まで1時間あったが動かないよう指示した」(John Harwood & Gerald F. Seib “Pennsylvania Avenue” 抄訳)

ワシントンでは大使館員がみな慣れていてあまりミスはありませんでした。しかし、他の公館では結構ミスがあったと聞きます。昭和のころは佐藤栄作総理のアジア訪問の際ホテルの浴室の湯がでず、総理の逆鱗に触れた大使もいたようです。トップへの対応に集中するあまり官房副長官などナンバー2以下の処遇にぬかりがあり激怒されたといううわさはよく聞きました。

もっともこれは意外や米国も同じでロジに大変気をつかいます。国務長官を乗せた車が羽田から宿舎まで高速道路で走りましたが、交通遮断できなかったのでオートバイの先導でレーンを変更しつつジグザグに走りました。長官の気分が悪くなったと米国大使館の首席公使が強く抗議してきたこともあります。米国大使館では要人の飛行機の車輪が離陸すると離陸パーティー wheel up partyを開いて祝杯を挙げると聞きました。

18. 社会人の「アイウエオ」

わたし個人は、残念ながらすぐれた智謀も山本五十六の瞬発力や宮崎輝の持続力もありませんでした。そこでそのときどきまかされた場所で、自分が率いるチームが最大限の力を発揮できるように努めました。在英大使館と在米大使館で政務班の班長をしましたが、各省からの粒ぞろいが揃っていたのでありがたいと思いました。

在米大使館の政務班の懇親会のとき、
「わたしはドリーム・チームを率いさせてもらい幸運です」
と挨拶していました。いつも同じことを言ってもしかたないと時々言い方を変えたら、「誰々が交代してからドリーム・チームと言わなくなった」と噂され、みなが敏感であることにびっくりしたこともあります。

このようにわたしは自分個人の力で仕事をしていたわけではないのですが、組織の中の個人の資質としては、以下の点が大事だということに気づきました。これから社会の流動化とともに変わっていくかもしれませんが、日本の社会、組織では信用、評判が大事です。いい評判や信頼感が崩れるのは簡単ですが、悪いほうはいったんできるとなかなか回復できません。その意味でうまく対応して高い評価を得ていた人たちに共通していた資質です。

わたしはそのアタマをとって**社会人の「アイウエオ」**と呼んでいます。いずれもわたし自身には性格的にむずかしくなかなかできない点でした。でも若い方にはお伝えしたいと思います。心がければ今からでも間に合うので、アタマの片隅におくとよいと思います。公務員の初任研修にまねかれたときなどにお話ししてきました。

なお有名なハロルド・ニコルソンの『外交』（東京大学出版会ＵＰ選書）は、外交官が目標とすべき資質として、誠実、正確、平静、上機嫌、忍耐、謙虚、忠誠心の7つをあげていますが、これは外交官だけでなく組織人一般、とくに対外折衝を行う人が心がけるべき点でしょう。これから述べる5つも正確と忠誠心をのぞいて大体ニコルソンの7つと重なっているかもしれません。

あわてずあせらず

アは**「あわてずあせらない」**。会社でも役所でも急にいろいろなことが起こります。そのときどう対応するかです。あわてたりあせったりするとたちまち「この人で大丈夫か」とみな心配になります。動揺をおし隠して、騒ぎたてず、泰然とふるまうのが大事です。内柔外剛をもじっていえば、いわば「内動外静」とでもいう構えでしょうか。上にいく人はたいていこのすべに長けています。

内動というのは、ただのんびりしているだけでなく対応策を考えるのです。経験など蓄積のプールを利用して自分なりに選択肢を考え、打ち合わせや会議などでもし発言する機会があれば落ち着いて説明するのです。

外静というのは騒ぎたてないで淡々とした態度で平然と対処することです。以下はいささか極端な例ですが外務省のいわば都市伝説として伝えられている話です。次官一歩手前のトップレベルの幹部のところに夜半外務省の課長から電話がいきました。

「ロシアのエリツィン大統領の訪日が急に延期されたので善後策を協議すべく次官から関係幹部に至急集まるように指示がありました。お出でください」

訪日延期は外務省としては不測の事態ですから日本としてどう対応すべきか相談しようということだったのでしょう。しかしその幹部は、

「もう延期の通知があったんでしょう、それならわたしが行くまでもないでしょう」

と言って出てこなかったのです。彼がそのまま家でピアノを弾いていたのを訪れたメディアの人が知り評判になりました。上の例は自他ともに許す大秀才なので不問にふされるどころか、さすがと若い連中に感心されました。ちなみにわたしはこの斉藤邦彦氏が駐米大使のとき下にいましたが、ふだんから書類は秘書官が選り抜いたものしか読まず、音楽を聴いたり、日本語の小説を読んだりしていました。しかし、いざという時には常に冷静で適確な対応ができる特別な人という印象でした。この人の高校時代の同級生の元官僚がある省の大臣をしているとき挨拶に行ったら、

「君は斉藤の部下か、高校時代に彼はみなと遊んでいるんだけれどフタを開けるといつもトップなので、彼と一緒に遊ぶとあぶないと言われていたんだよ」

と言っていたことがあります。真似はしないほうがいいよという忠告だ、と思いました。普通であれば夜中でも上司招集の会議には出かけたほうがいいでしょう。わたしはそういうわけで斉藤邦彦氏のようにはできないし、しようともしませんでした。しかしジタバタしないのが将の心得であることは学ぶべく努めました。いつも要人往訪に同行していて教えられたことがあります。

「忙しい相手から30分もらったら20分で切り上げなさい、相手は喜んでまた次の機会をくれます。もし30分以上話し込んだら次はないですよ」

というのです。これは実践するだけでなく会談の冒頭に相手に言うことにしました。たいていの相手は笑って、

「どうぞ30分いてください。そのつもりですから」

と言いますが、それでも15分か20分で失礼していました。冒頭軽い世間話をするかは相手によります。ちなみにオバマ大統領は合理主義者で雑談が嫌いな人として知られていました。

いばらず

イは**「いばらない」**です。

かつて駐日米国大使を長く務めたマンスフィールド氏は元上院院内総務という、米国上

院のトップも務めた大物政治家でした。彼は大使時代も引退後も来客に自らコーヒーを注いでもてなしていました。わたし自身も恩恵にあずかったことがあります。これは同氏の〝いばらない人〟というイメージを定着させました。彼の場合じつに自然で計算ずくという感じはありませんでした。わたしは大使になったときに真似しようと思いましたが、身につかないようでしませんでした。退官して大学教授になったときは研究室にきてくれる学生のためにやっとコーヒーを淹れるようになりました。

かつて人気だったサミュエルソンの経済学の教科書に経済効率の例として弁護士と秘書の話が出ています。弁護士はたとえ秘書よりタイプが速くても秘書にまかせたほうがいい、単位時間の報酬の差に照らせばそのほうが二人合わせての収入合計は大きくなるという議論です。これは経済学的には合理的な議論です。

しかし本当の社会では違います。この論理に気づかないふりをして静かにかげでタイプを打つのを手伝うような人が評価されていました。たとえば秘書が多忙と知っているときは、だまってコピー取りなども自分でやるような型の人です。運転手が道をまちがえたせいで遅刻しても叱ったりしない人たちです。こういう人は人気がありました。大組織ではいわゆる**陰徳が評価につながる**のです。もっともわたし自身は性に合わずできませんでした。

ウソをつかず

ウは**「ウソをつかない」**です。社会は信用でなりたっています。「彼なら、彼女なら、大丈夫」と言われるかどうかです。どんなつまらないウソでも一回でもついたら取り返すのはなかなかできません。「風邪で会社を休みます」と言って休暇をとっておいて夜飲み屋で目撃されたらおしまいです。

ウソでなくともいい加減な発言や約束はダメです。上司、同僚、取引先にでもできないことははっきりそう言い、「あてにしていたのに困ったな」と思われないようにすべきです。「大使とは、自国の利益のため、外国でウソをつくために派遣される誠実な人間を言う」というでたらめな定義があります。ウォットンという16～17世紀のベネチア駐在英国大使の言だそうです。一見利いた風なセリフですが自分がウソをついて回っているというのはバカですね。この人は怒りを買った国王からいったん職を交代させられたそうですが当たり前です。人は一度でもウソを言ったら信用はなくなります。前言はかんたんにひるがえせないのです。

エエカッコシイせず

エは**「エエカッコシイしない」**です。職場の人の多くは敏感です。背のびをするとすぐわかってしまいます。またみながいちばん聞きたくないのが自慢話です。

「アレじつはオレがやったんだ」

「会社の実力幹部とはマージャン友だちだ」

「政治家からしょっちゅう飲み会の声がかかる」

……云々というのはその場では「ホー、すごいですね」とか言われますが、たいていあとでみな、

「あの人、ホント疲れますね」

とか言っています。知らぬが仏なのです。

いそがし自慢もいけません。

「来月は北京に、そのあとはニューヨークに行かなくちゃならない」

「講演依頼が多くてこまっている」

とかがその部類です。

「ひっぱりだこで大変ですね」

とか言いながらたいていの人は内心、

「勝手にすれば」

と思っています。

もっともこのいそがし自慢はアメリカ人も同じです。ワシントンにいたころ、「You must be busy お忙しいでしょう」「Yes, I am just flying around without knowing where I am いや飛び回っていてどこにいるかわからないくらいですよ」という人さえもいました。うんざりしてきたので一計を案じて、「I am just goofing off, doing nothing いやーヒマでヒマで」と答えることにしました。みな意表をつかれてかえって注目されるようになりました。もっとも退官後、この話を米国人の友人にしたら、「現役のときは冗談としていい。しかし今はやめたほうがいい。職探ししているみたいに聞こえてしまうよ」ともっともなことを言われました。

おこらず

オは**「おこらない」**です。細かく厳しい先輩はどこの組織でもいます。わたしなどそういう人たちのおかげでなんとか仕事をおぼえたので今では感謝しています。でもいわゆる教育マインドの強い人は組織の中ではソンをするように思いました。パワハラ云々という言葉がある今はますますそうだと思います。わたし自身は、つい言い過ぎていつも後悔していました。春風駘蕩をよそおいつつ時折ちくりと一言いうような人が大組織の上の方には多いようでした。

もっともそのちくりの一言もいわない人もいます。わたしが大使をしているとき前から知っている若い人が幹部の出張の随行として訪ねてきました。

「出張どうですか」

と聞きました。

「たいへん勉強になります。今度はお供ですが、いたらないことばかりでご注意があるかと思ったら、ありがとう、君のおかげで安心だと言っていただいています。すばらしい方のお供で感激しています」

と言うのです。それは良かったと思い、その幹部に、

「彼は以前に一緒だったから知っていますが、成長したようですね」

と水を向けると意外や、

「いや、まいりましたよ。なかなか使いものになりませんね」

という返事でした。こわいんだな。こういう人が上にいくんだなと思いました。

19. 経験は勘の母

結局みなつながっていた

いろいろなポストを経て、北米局長、外務審議官、ジュネーブ代表部大使から駐米大使を終えて退官しました。その過程で思ったのは**若い頃こけつまろびつして覚えたことがどこかで役に立った**ということです。

たとえばOECD代表部でいやいやおぼえた記録とりの技能は後年外務審議官でG8サミットのシェルパやジュネーブ大使を務めたとき役立ちました。また主計局法規課や予算係主査でフーフー言いながらおぼえた法律的な詰めを考える作業、ものごとの政治的な意味を考える仕事は世の中の仕組みを理解する手助けになりました。さしたる交渉もなく退屈だなと思いながら情報電報を読んで日々暮らしていた分析課長時代の経験は英国のシンクタンクに行っても十分通用しました。在米大使館の政務担当公使としての経験や友人は駐米大使として役に立ちました。みなつながっていました。

アップルの創業者で波乱に満ちた人生を送ったスティーブ・ジョブズ。彼がスタンフォード大学で行った卒業式での式辞は、名演説として有名です。YouTubeに載っていますから視聴してみるといいと思います。一言でいうと、人生ではいろんな点が思いがけなく線として結びつく、仕事を愛せよ、時間は限られておりいつも直感に従う勇気を持て、ハングリーであれと言っています。たかが一官僚の人生経験からもいろいろな点が線に結びつくというのはその通りだと思いました。

十種競技

北米局長として米ブッシュ大統領の訪日受け入れ準備にたずさわったとき、総理の発言要領の起案、勉強会からプレス発表、主な行事日程の詰め、食事の場所選定から同席者選定、警備当局との協議、メディアの論説懇委員への説明、訪問のサブスタンス、ロジスティクスのすべてに責任者として対応しました。

具体的にはブッシュの言うイラン、イラク、北朝鮮という悪の枢軸という概念にどう反応するか、明治神宮に総理がどこまで入れるか、首脳が懇談する和食店はどこにするか、国会演説のときテレプロンプターを使えるか、夫人日程をどうするか、予算はどう組むか——など多種多様なのです。アメリカの場合は大統領府、国務省と分かれるだけでなく国務省の中でも儀典と地域局が分担して行います。サブと日程などのロジのすべてを一人の事務方の責任者が見ることはありません。

外務省では地域局の局長、課長がすべてを見るのはあたりまえのことでした。やはり初年兵のときからさまざまな経験、失敗をかさねることにより、同時にいくつもの仕事をこなし、五種競技でも十種競技でも対応できるようになっているのでしょう。一兵卒からの経験がいざというときの勘を養っていくのだと思います。

ロンドンでの鍛錬

経験と勘について一例を書きます。わたしがロンドンの日本大使館で政務担当の参事官をしていたときの上司、千葉一夫大使は仕事の細部までゆるがせにせずに詰めぬくので有名な人でした。あるとき、日本から有力な議員団が夫人同行で来られました。担当責任者のわたしが事前に大使に日程を説明しました。

わたし「昼、オックスフォード大学の政治学の教授を招いてレクチャーを受けることにしました」

大使　「オックスフォードまで迎えの車を出すのか」

わたし「渋滞になるといけないので電車で来てもらい、パディントン駅でわたしが出迎えます」

大使　「電車が遅れたらどうするのか（これは日本でない国ではたしかに心配すべき点です）」

わたし「早めの電車に乗ってもらいます」
わたし「一行は夜は滞在されるホテルの真向かいの劇場でミュージカルを夫人たちもご一緒に観劇する計画をたてました」
大使　「ホテルから劇場には配車してあるのか」
わたし「道路を渡るだけですので配車はしないでいいと思います」
大使　「雨が降ったらどうするのか」
わたし「全員分のカサを用意しました」
大使　「カサがさせないほど強い風が吹いたらどうするか」
うーん、まいったなと思いました。

天皇皇后両陛下ハワイご訪問

時は巡り駐米大使だったとき、天皇皇后両陛下のハワイご訪問がありました。ホノルル総領事館が主管轄となりますが、在米大使館も数多くのスタッフを出して、準備を手伝いました。パンチボウルと俗称される国立記念墓地を訪問されるスケジュールについて事前に説明を受けていたとき、わたしは、

「カサの用意はどうか」

と聞きました。

「この月日の気象を過去数十年間分調べましたが、降雨率は2％以下なので特に考えていません」

ロンドンでのやりとりが身にしみ込んでいたのでしょうか、わたしは答えました。

「そうか。確率はゼロではないのだな。全員分のカサを車のトランクに入れておくように」

当日、式典の間に晴天が急変し、突然土砂降りになりました。スコールのようで式典の終わりにはまた晴れ上がっていました。あの時の上司の教えのおかげです。もっともこの〝詰め〟が身につきすぎて部下には面倒くさがられたかもしれません。

勘は天性プラス経験

わたしは退官後、商社や製鉄会社の社外取締役を務める機会がありました。しかし自分が社長を突然やれと言われたら無理だったでしょう。商売の勘というものを持っていないからです。勘というのはもちろん天性のものが大きいのですが、経験でもかなりカバーできます。

たとえば上司になると、上がってくる10のペーパーのうち8つはパッと見るだけで判を押せます。でも一つか二つはちょっと下に聞いてみたいということがあります。**何か臭う**のです。この臭いをかげるかどうかが長年の勘ではないかと思います。漆器の名人は湿度計を見なくても湿度がわかると言いますが、それと同じようなものです。黒楽茶碗をつくる陶芸家は窯の温度を測ったことがなく「炎にさらす身体で感じることが全て、数値よりも情報量ははるかに多いのです」（陶芸家15代樂吉左衛門の言葉。２０２１年10月21日付朝日新聞朝刊より）。永年の経験から判断の基礎となる勘ができるのです。「これは危ないぞ」とか「決めるのは今だ」という決定や判断の多くは勘でしょう。そのあとで理屈付けするのです。プロというのはこの勘がある人のことをいうのです。

「勘というから、どうでもよいと思うのです。勘は知力ですからね。それが働かないと、一切がはじまらぬ」

という数学者岡潔教授の言葉（小林秀雄／岡潔『人間の建設』新潮文庫）はその通りです。勘は「センス」「フィーリング」とも言いかえられるかもしれません。

これは外部からの登用などを否定する議論ではありません。組織の沈滞化を防止し活性化するためには必要だと思います。ただしポストをよく選定し、一定の準備をした上で、経験を持ったプロパーの人との組み合わせで配置していくべきでしょう。

上司の立場に立ってみる

仕事のやり方について考えるとき、大事なことは**自分を上司の立場に置いてみて、どんな部下が欲しいか考えてみる**ことです。当たり前ですが、ある仕事が与えられたらサッと正確に処理する人でしょう。先に述べた山本五十六の例を思い出してください。上の人は「大事なことは彼に頼めばいい」と思うようになります。

一番困るのは「大丈夫、まかせてください、がんばります」と大見得をきっておいて最後に投げ出したり、レベルの低い結果を出したりする人です。それならば、早くSOSを出しておいてくれれば、仕事を人に分けたり、手助けしたりできたのに、と上の人は思います。また何か問題が起こったときは、できるだけすみやかに報告してほしいと上司は思っていますが、同時にただ「たいへんです。どうしましょうか」と言って駆け込んでくるような人は頼りなく見えます。

「こんな問題が起きていますが、こういう対応あるいはこんな対応で考えてはどうかと思います。どちらの対応がいいかもう少し見極めて報告します。なにか心得ておくべきことはありますか」

などと言ってくれると、この人にはまかせられるなと思います。第5項で述べた、オプションが身についている人です。

「仕事の報酬はさらなる仕事だ」

というのは至言です。だんだん大事な会議に参加できたり、物事を決めるポジションについたりできるようになります。

また、当たり前のことでなくヒョッと面白いアイデアや情報をおおげさでなく軽いタッチで耳に入れてくれる人もありがたいものです。アイデアはたとえば、今度話題の誰それを夕食会のゲストにいれたらいいでしょうとか、誰と会ってみてはどうですか、などというのでもいいのです。

情報としては、上の人は、たとえばベストセラーの新刊小説、とくに外国駐在している場合、その国のスポーツや新しい音楽や映画、ミュージカルのことなど案外知らないものです。ところがたまに要人との話題に出てきたりすることもあるので結構重宝がられます。

外務省の1、2、3

若い頃、わたしは着任したばかりの上司がホームパーティーにいそしむのを見て派手なことが好きな人だなあと思っていました。だんだん自分がまちがっていたことがわかりました。着任してから最初の3ヵ月が勝負なのです。その間は来たばかりなので誰にでも挨拶に行けます。1年たつと用もないのに行けなくなります。こちらも日常生活に埋没して新しい人脈を開拓しなくなってしまいます。

新しく若い人を迎えるたび、わたしは、

「初めは住宅のこと、車、子供の学校など忙しいでしょう。だから最初の3ヵ月はローキーでスタートするといいですよ。しかし、それと矛盾するようだが最初の3ヵ月が友達づくりの鍵ですよ」

と言ってきました。先日もニューヨークに初めて単身赴任した銀行の人に、「日本の言い習わしのように引っ越し早々に向こう三軒両隣に挨拶に行っておくといいです」とアドバイスしたら、「おかげでお隣さんに招かれたりするようになりました」と報告がありました。

あるとき「外務省の1、2、3」という講義を各省から在外公館に出向する人たちにしたことがあります。

1　挨拶は、一文は1行、全体で1枚にまとめる

2　親しくなりたい人とは二人だけで会う

3　最初の3ヵ月がカンジン

という話です。出席者は、

「そんな話まだ聞いていないぞ。外務省は出向者に冷たいんだから」

という顔で熱心にノートを取りながら聞いてくれました。

講義の最後に、

「じつは、この『1、2、3』は今日わたしが思いついたことですが、こういうとみなさんに聞いていただけるかと思って名付けたものです。でも誰でもいつからでもできるのではじめから意識しておくとソンはないですよ」

と種明かししました。これはじつは外務省でなくとも民間でも通用します。3はどこか新しい部署に替わったとき、1や2はふだんからでも使えると思います。

20．管理職になったら

見通しと決断力

トップやリーダーにとって大事な能力は見通しと決断力です。見通しを立て果断に実行することです。

第二次大戦前の日本の不幸は本当に職を賭す覚悟のリーダーがほとんどおらずズルズルと軍部にひっぱり回されたことでした。また軍部の中でも規律違反の責任をきちんと問うことなく結果がよければ良しということで既成事実が積み上がっていきました。これにくらべ戦後は軍部がなくなり吉田茂のサンフランシスコ講和条約、岸信介の安保改定、佐藤栄作の沖縄返還と日韓基本条約、田中角栄の日中国交回復、中曽根康弘の行財政改革など、国家のリーダーはメディア、世論の反対を押し切っても己の信じることをつらぬきました。日本にとって将来的にどうしても必要という強い信念があったからでしょう。実際にこれらは今の日本の枠組みになっています。最近では安倍晋三内閣の安保法制がこれに入るでしょう。

このような国のトップでなくとも、企業や組織の管理職になるとそのポジションに応じた見通しの力・決断力は常に大事です。そのためには、信念をもって決断し、また、職を賭す覚悟が不可欠です。

コリン・パウエルのリーダー論

日本の組織では大体において、細かく立ち入ったり、あれこれ指示したりしない上司のほうが歓迎されます。それがいきすぎたのがかつての帝国陸海軍でした。

秀才のくせに細かいことはわからんという風をよそおう人が多い典型は、わたしが一時出向した大蔵省主計局でした。みなやろうと思えば細かく詰めたりはできるのです。かえってそういうことはせず短時間で、バランス感覚よく仕事を片づけ、後は飲み会にでかけ酒豪の逸話をつくるような人のほうが敬意をもたれていました。行き過ぎてしまったのは残念です。

どの程度のバランスがいいか、2021年10月に亡くなった陸軍軍人出身のコリン・パウエル元国務長官のリーダー論は、明快です。

「リーダーは部下を知らなければならないし、優れた能力を発揮できなければならない。(中略)親しくなりすぎると全員が横並びになってしまうと表現したほうがいいかもしれない。(中略)部下は友だちではなく、あくまでも部下なのだ。(中略)『ウチの組織は優秀でね、私がいなくてもちゃんと動くんだ』と自慢するリーダーがよくいる。そう言われると、私は『ん〜、だったらあなたは不要なのでは?』と聞き返したくなってしまう。部下の上にはいるかもしれないが、部下を超える存在ではないと感じるからだ。(中略)気さくであることはいいが、なれ合ってはならない。部下が自由と勝手をはき違えるようなことは避けなければならない」(コリン・パウエル/トニー・コルツ『リーダーを目指す人の心得』飛鳥新社)

これはバランスがとれていて説得力があると思いました。

山本五十六海軍元帥の言葉に、

「やってみせ、言って聞かせて、させてみて、ほめてやらねば、人は動かじ」

というのがあります。これもうまいことを言うもんだなとは思いましたが、なかなか実践はできませんでした。

風通しとオール・ジャパン

わたし自身は自らの器を承知していたので、「細かいことはわからんよ」とうそぶくレベルにはなかなか達しませんでした。

そのため幹部になってからは、風通しだけはよくすることにしていました。駐米大使の執務室には昔から原則として公使や参事官以上が報告に来ることになっていましたが、わたしが大使になったときは、書記官でも専門調査員でも誰でも来るようにあらためました。

また、われわれは外務省や各省の出先ではない、日本政府の出先だ、常にオール・ジャパンでことにあたろう、とみなに話していました。ですからけっして外務省出身の者だけを集めて相談したり懇談したりはしませんでした。

21・説明責任
――株主総会、国会、記者説明

官庁時代はいつも考えていた説明責任

退官後、民間会社で社外取締役や顧問を務めました。そのとき感じたのは、官僚時代はなんと対外説明ばかり考えていたか、でした。

「よく知らない官僚ＯＢが何を言うか。民間こそアカウンタビリティの社会だ」と反発があるでしょう。でも、わたしがそう感じたのには二つ理由があります。

一つは不祥事や事故の処理です。民間の場合、会社の規模にもよりますが相当大きな額でないかぎり開示は義務づけられません。たいてい内部処分ですませられます。公務員の場合、税金を扱っているので小さな金額の問題でも公表しなければ「隠蔽だ！」と大騒ぎになります。

もう一つは、民間では記者会見や適時開示という対外説明はたまにしかありません。これに対し幹部公務員はつねに国会と官房長官や大臣の記者会見、記者への説明を意識しながら仕事をしています。わたし自身、幹部職員だったときは「国会やメディアに説明可能か」をいつも考えていました。

株主総会ではふつう一人の質問者は1回しか質問できませんし、誰を指名するかも会社側の判断です。また前年の回答との整合性を追及されることもまずありません。問題を抱えている企業の場合は揉めますが、それ以外は1年に1回、大体2時間くらいで終わります。

それにひきかえ国会での追及は厳しいものです。前年どころか何年もまえの国会答弁との整合性を質されます。さらに連日、終日にわたり何度も何度も同じテーマで同じ人からあるいは人が替わって質問されます。

政府委員制度の復活を

ただ国会についてはいま行き過ぎの面があると思います。それはよくいわれる「野党の質問通告が遅いので残業必至」などといった次元の問題ではありません。もっと根本的な問題です。

「質問者の同意がないかぎり原則としてすべての質問に閣僚自身が対応しなければいけない」と、20年前に法律が変更されました。三十余年前、ロンドンでわたしが大使館の政務担当参事官をしている頃、日本の国会議員の調査団が来て保守党、労働党の議員や大学教授などと会い、英国の選挙制度や議会運営を学んでいきました。そのとき一行は議会での答弁は官僚ではなく、すべて政治家が行うことに強い印象を受け、

「官僚主導を覆し政治家の優位を確立するために日本でもそうしなければいけない」との感想を漏らしていました。その何年か後、政府委員制度を廃し、政府参考人制度が導入されました。かつては質問者から総理や閣僚の答弁が求められていても、委員長が自らの権限で政府委員の官僚を答弁者に指名できました。予算委員会などで全閣僚やテレビカメラが見つめるなかで政府を代表して自ら挙手して答弁することは緊張しますが、同時に官僚冥利につきる仕事だったという先輩もいました。新制度下ではそれができなくなり、理事会で合意されたときでなければ官僚は発言したりできなくなりました。

制度が変わったのはわたしが北米局長の途中でした。楽になったかというと逆でした。自分が答えるときは担当範囲の問題は熟知していますので資料を持っていけば十分な場合もありましたが、幅広い質問を受ける閣僚用にはすべて答弁書が必要です。若い人がつくるものを夜明けまで一つ一つ決裁する仕事が必要となり、かえって忙しくなりました。また幹部になってまで自分が答えるのでなく下請け作業するということでモチベーションの低下にもつながりました。

問題は英国の流儀のつまみぐいをしたことです。英国では質問はすべて文書での事前通告が必要ですし、大臣が法律の条文などを承知しているか否かなどと細かいことを聞く機会はあまりありません。同じ質問には「回答済み」という答弁でいいのです。こういうところは英国議会に学びませんでした。したがって国会では野党議員はこれも知らないのかあれも知らないのかと着任後数ヵ月の閣僚が知るはずのないような過去の事実関係や法律解釈などで攻め立てます。自民党が野党だった時も同様でした。いきおい法律に強く答弁に安定感がある官僚OBや弁護士出身者が閣僚として重宝されるようになりました。官僚を排そうとしてかえって政治家の官僚化を招いたように見えます。閣僚は、政策に集中し、細かい事実や法律の知識は官僚に任せていいということにしてはどうでしょうか。政府委員制度の復活が良いと思われます。

首脳会談後の冷や汗の記者説明

首脳会談後の記者団への説明には気をつかいました。官房副長官が行いますが、その原稿は事務方の担当局長ないし課長が直前に短時間で用意していました。問題はどこまで話すかです。時間があれば相手方の事務方と打ち合わせしますが、それができない場合、これくらいまで相手もいうかなと予想しながら原稿を書くのです。たいていは日本側のほうが詳しく説明しますが、万一こちらが言わなかったことを先方が説明すると大ごとになります。日本側の記者団から突き上げがあり、やり直しさせられたりします。新聞の締め切りや飛行機の出発などのため、会談後1時間以内には行わなければならないことも多く、これはなかなか緊張する場面でした。

実際に問題を起こしそうになったこともあります。英語の“sorry”という言葉は「ごめんなさい」という場合にも「お気の毒です」という場合にも使います。ですから相手の言ったsorryがどちらの意味かよくわからなければどちらにもとれる「遺憾」と訳せば無難です。遺憾というのは不思議な言葉で、申し訳ないと謝っている場合にも残念なことで問題であるという場合にも使います。英語のregretも同様です。

あるとき、米国要人訪日の際の発言にあったsorryという発言をわたしは「申し訳ない」という意味と解して、会談後、記者団説明の原稿を書きました。新聞には「米国陳謝」という見出しが出ました。すると要人の側近が米国への帰路、機中から電話してきて、

「あれは『残念なことが起きた』と言ったのだ」

と抗議してきました。これにはまいりました。一計を案じ、

「せっかく率直な発言だと、貴国に対して高い評価が集まっているのに、本当に訂正を要求するのか」

と、たずねると「訂正は要求しない」ということでおさまったことがあります。なんとか結果的には勇み足をせずに済みましたが、こわいものだと思いました。

22. 危機に直面したとき
――オール・ジャパンでの対応

長い役所生活で何度もきびしい場面に直面しました。一つだけ書きます。

ワシントンのオール・ジャパン

駐米大使のとき遭遇したのが東日本大震災でした。このとき、米国民が大統領から議員、政府、軍、会社、学校、一般国民まで幅広い人が日本に寄り添おうと力強い物心の多大の支援をしてくれました。小学生が誕生日にもらったお祝いの20ドルを持ってきてくれたりして感激しました。わたしはすべてのアポイントをキャンセルしてこの問題だけにかかりきりました。

このときのわたしの仕事は、まずアメリカ政府とのワシントンでのチャネルになることでした。国務省を中心にホワイトハウス、国防省、エネルギー省などと日々何度も連絡をとりました。国務省では何週間も泊まり込みのチームを編成してくれました。ホワイトハウスの科学顧問は全米のトップ原子力科学者と電話会談網をつくり毎日会議しては日本に直接インプットしてくれました。アメリカ側に会う前にまず大使室で各省からの公使、参事官、書記官約20名と打ち合わせてから行き、そのあとまた同じメンバーを集めて結果を報告しました。はじめのうち多いときはアメリカ側と日に4回も会ったので大使室での会合はその倍やったことになります。東京は混乱状態にあったのですが在米大使館には各省庁からトップクラスの人材が派遣されているので日本で何が起きているかの情報収集能力はすばらしいものでした。

第二の仕事はアメリカのテレビへの生出演でした。これはなかなか大変でした。アメリカのテレビは日本と違って基本的にシナリオの打ち合わせはしません。インタビュアーがアドリブで聞くのです。他方日本政府から来る資料（想定問答集）はどんな件についても、「引き続き関心を持って見守っていきたい」

といった調子のいわば木で鼻をくくったようなそっけないものでした。とうていこれだけではきびしく突っ込んでくる米国のメディアには通用しません。毎回、前述の大使館のチームと「どこまで発言できるのか」とギリギリのラインをシミュレーションしました。

それでもなかなか大変でした。たとえばCNNの人気キャスターであるウルフ・ブリッツァーのニュースショーのときは、先方からわたしに状況説明を求め、わたしが被害の状況、米国民への感謝など話すうちに時間になりました。ところが去ろうとすると、「あと10分いてくれませんか」と言われ、同意するとすぐに福島原発の近くにいる女性リポータ

ーにつないで実況報告させました。彼女は、

「いまこちらではメルトダウンの可能性という話をみながしています」

と伝えました。それが終わるとブリッツァーはわたしを見て、

「さっきあなたはメルトダウンについて話さなかったが、現場ではその話で持ち切りのようです。そういう報告はあなたに来ていないということですか」

といった具合に切り込んでくるのです。

「いろいろ噂はあるようですが、まだ確認できる情報には接していないので、わたしからお話ししなかったのです」

と答えました。こうしてメジャーなネットワークのニュース番組に連日出ました。

危機管理においては、チーム全員のもてる力を存分に使うことの大事さ、そして指揮官が常に前面、先頭に立って全責任を負うことの必要性を強く感じていました。


この関連で小さいことですが東京に進言したことに言及します。大震災の半年から1年後に米国やカナダの海岸に漂流物が届きはじめました。そのときはじめに東京からは、

「なにか問われれば漂流物については国際条約はない」

と答えよという指示が各公館に届きました。つまり「日本の責任はない」と返答しろと

言うわけです。大震災直後あれほど助けてもらったのに漂流物に煩かむりすることは道義的にゆるされないし、国家の名誉にかかわると思いました。「撤去作業に使って欲しいと、日本政府が一定の費用を出すべきである」と東京に進言しました。どの程度の金額が適当か米政府の関係官庁のトップと会って感触を探りました。東京では（お金を）出す場合、どの官庁が予算をもつか消極的権限争いがあったようですが、政治家の齋藤勁官房副長官の尽力もあり、野田佳彦総理の訪米時に総額5億円の拠出が伝えられました。

23. ストレスへの対応 ——三十六計眠るにしかず

組織に所属する以上は日々心配ごとがあります。失敗したらどうしよう、連絡ミスはないか、あの人と気まずくなったのではないか——などです。

わたしは熟考した上で行動し、ミスはしない、というタイプではありません。どちらかといえば走りながら考えるほうです。ですから仕事上で困ったということはしばしばありました。

インドネシア高官のストレス禁断症状

「ストレス」について忘れ得ない話があります。インドネシア政府の親日家の高官でジャカルタの大使館にいたわたしをかわいがってくれた人がいます。ウマルヤディ大使といってインドネシア外務省の経済総局長、ＡＳＥＡＮ事務局長ついで中央事務局長でした。日本への留学経験があり夫人は日本生まれでした。彼は在パリの国際機関のトップを経て政府から引退しました。わたしが大使館勤務から15年後にジャカルタに出張した際、自宅に招いてくれました。行くと驚いたことに見慣れていた立派な屋敷の半分がゴム工場になっていました。

「あなたは政府高官だったがゴム工場の経営経験はないし、そんなことをいまさら始める必要もないでしょう。どうして畑違いのことを始められたのですか」

と聞きました。その時の答えが、

「だってキミ、日々なにか心配ごとがほしいじゃないか」

というものでした。半分冗談だったかもしれません。でもわたしには得心がいきました。長い間政府の中枢で神経を使っていたのでストレスに慣れてしまい、なにもないと禁断症状に陥るんだろうなと思いました。

わたしの対処法

わたしは、ウマルヤディ氏のように力がありあまって心配ごとを欲するほど豪胆ではありません。ただなにか難しい問題が起こると、

「さあどうやってこれを乗り越えようか」

と、かえって冷静になるところがあります。同時にアドレナリンが出て張り切るほうでした。

まず考えるのは、命まで取られる話じゃないし、不都合があれば責任をとって職を退けばいいだけだろうと腹をくくることでした。家は代々サラリーマンだし、何も資格をもっていないので、職を退いた後の見通しがあったわけではありません。でも今の時代、食べられなくなったりはしないだろうという考えでした。

二つ目は、経験と智恵を絞って解決策を考えることにしていました。とにかく逃げず、天運や人まかせにせず、自分で考えて結論を出します。先に述べたようにあらゆるオプションの得失を考えてみるのです。その結果、「なにもしない」という結論の場合もあります。**自分で考え抜いて間違えたらあきらめがつきます。**

三つ目は、いい解決法が浮かぶか否かにかかわらず、とにかく寝てしまいます。わたしはどこでも横になると数秒のうちに寝てしまうたちなのです。何か心配ごとがあっても寝

られないということはありませんでした。妻など、
「困ったなあ、どうしよう」
とわたしが言っているので、なにかわからないがハラハラしていると、すぐに横から大イビキが聞こえてくるのでハラがたったと言っています。この天性の体質のおかげで、あまり消耗せず長丁場をすごせたと思います。

24・人を育てる——すこしだけ背伸びさせる

「金を残して死ぬのは下だ。事業を残して死ぬのは中だ。人を残して死ぬのが上だ」

戦前の政治家後藤新平の有名な言葉は、さすがと思います。

わたしの部下だった人の多くが後に要職につきましたが、それはもともと優秀だったからで、わたしの育て方がよかったからではないことは知っています。むしろ〝上司がわたしだったにもかかわらず〟と言うべきでしょう。

人が育つかどうかはどれだけ仕事をまかせるかも大きいと思います。わたし自身はその意味では最初の任地のインドネシアのときから鍛えてもらいました。ＡＳＥＡＮを支援す

るプロジェクトの詰めのため、東京から審議官や課長が出張してきたときも、合意案起草は出先の書記官にすぎないわたしにまかせてくれたりしました。集まった各国の本省幹部はやや当惑していましたがわたしは張り切りました。ＡＳＥＡＮの製品や観光を日本に広報する日本アセアンセンター設立の担当を務めたとき、家で、

「オレがいなきゃなにも動かない」

などと豪語していました。わたしがパリに転勤になったのでそのプロジェクトは頓挫したと思っていた新婚の妻は、のちに池袋のサンシャインシティに立派なセンターができているのをみておどろき、以後はわたしの言うことは話半分に聞くようになりました。その後の大蔵省主計局出向や大使館勤務をふくめ自分の身の丈より少し大きな仕事をあたえられて成長させてもらってきたのだと思います。ですからわたし自身も人を見つつできるだけまかせるようにしてきました。

会社のトップは生え抜きがいい

いまガバナンス強化という観点もあり、外国人のＣＥＯや社外取締役を招く日本企業がふえています。社外取締役に外国人を入れるのは新鮮な視点や会社に遠慮ない議論ができるという意味で賛成です。日本人同士の「まあ、みなまで言うな」的な腹芸がないのはい

い点です。ついでにいえば外国人と日本人にかかわらず社外取締役はもちろん毎年株主総会で信任される必要はありますが、監査役と同じく「原則任期4年の再任なし」とするのがいいと思います。毎年CEOに再任を依頼されるより発言が自由になると思います。

ただし、企業のトップはできれば海外から連れてくるのではなく、生え抜きがいいと思います。外国人CEOには有能な人がおり、しがらみなくリストラ、工場閉鎖を断行して実績は上げるでしょう。でも、この会社が好きで好きでたまらないといった愛社精神があるか疑問です。またゴーン事件ではありませんが、ギリギリのところで外国人が日本に愛国心を持つとは思えないのです。

生え抜きの人は、社内のみなの目に永年さらされてきています。大きな問題でも逃げなかった、セクハラもおカネのスキャンダルもなかったということがはっきりしています。いかにも終身雇用、年功序列社会の遺物のような議論だと言われるかもしれません。しかし社会で大事なのは信用、信頼感であり、それはやはり時間をかけて醸成されるものだと思います。社外取締役の目から社内の取締役や執行役員を見るといま自分に対して愛想がいいか、説明がうまいかしかわかりません。ですからわたしは、社外取締役でなく社長CEOが後継社長を選ぶのがいいと思っていました。もし社長CEOが衆望のない腰巾着のような人を指名しようとしたときだけ待ったをかければいいのです。

長い間トップを務めた人が自分の後継者を育てられないのは残念な話だと思います。長く君臨するとまわりにイエスマンが増えて、どの人も頼りなく見え、よく知らない人に後を託したくなるのかもしれません。もしどうしても社内に人材がいないなら他社から執行役員にでも引っ張って来て、何年間か育てればいいはずです。

日本の多くの会社は長い間「純血」を誇って外国人を経営にたずさわらせませんでした。それを変えたのはいいと思います。しかしそうすると急に今度は本丸、天守まで明けわたそうというのは、いかにもいまの日本を象徴しています。なぜ日本人の力で会社や日本を強くしようとしないか不思議な話です。会社の取締役会を英語でやろうというのもおかしな話だと思います。ニュアンスをもって物事を伝えられるレベルの英語力のない人が集まって議論をしても、物事をえらく単純化してイエスかノーで決めていくことになり、そら恐ろしい気がします。新しもの好きに走らず、第37項「もうひとつのクール・ジャパン」で後述するようなバランス感覚を持つべきではないでしょうか。

明治日本はお雇い外国人に頼らざるを得ませんでした。外務省もデニソンという米国人に出先への訓令まで書かせ、日露交渉時も逐一相談していたようです。でも、最終的に決めたのは伊藤博文や陸奥宗光、小村寿太郎など日本人でした。外国人の知恵を借りる、力を使うのはいいと思います。でもトップはやはり日本人だという気概が必要です。

まだ間に合います。

25・退職 ——OB入門

「答弁に指名されたら、大きなこえで、なにかわめきながら答弁台に突進し、机からマイクからぜんぶ倒したら、どういうことになるだろう」

若い頃から繰り返し読んだ橋口収氏の随筆からの引用です。大蔵省主計局長から国土庁次官、公正取引委員会委員長を歴任した人と思えないほど洒脱な筆致の本です（橋口収『若き官僚たちへの手紙』日本工業新聞社）。

この本の中で退官の恐怖について率直に書いています。

「退官とは、ほんとうにイヤな、つらいことです。（中略）いよいよ退官と、だれにもいわず心にきめたときは、足もとにポカーッと大きな穴があいて、見も知らぬ暗闇のなかに吸いこまれていくような恐怖感におそわれたことを白状しなければなりません。（中略）いざ現実となると、このわたくしも、お恥かしいことに、表面はともかく、内心ではヒドクうろたえるのを避けることはできませんでした。

なぜ、そんなにコワイのか、また不安になるのか、それにはいくつかの理由がありますが、第一には、なすべき仕事のなくなる不安です」

あれほどの人が——と、ちょっと驚きました。

教授の楽しみ

どんな気持ちになるかなと思っていましたが、わたしの場合、つらいとも終わってよかったとも思いませんでした。後任者が来ることを決めたのであれば、わたしが退くときがきたと思っただけです。幸いにも上智大学の教授に迎えられる話があり、新しい生活を楽しみにすることにしました。電車でキャンパスに通い、学生たちとの出会いにワクワクしました。小さいゼミを持ち、毎年春、秋に学生たちと軽井沢のゼミ合宿などを楽しみました。書いてもらった論文にはコメントをつけて一人ずつ会って説明しながら返却しました。かつて同じ大学で非常勤講師をしたときも同じで200名以上の答案に一つ一つコメントを書き入れて返していました。なにより楽しかったのは、若い人たちと上下関係がなくフラットな形で交流できたことです。

ほかにもいくつかの大学で教えさせてもらいました。顧問をさせていただいた会社でも若い社員にプレゼンテーションなどの指導を行いました。その後、シンクタンクで研究者と交流したり、理事長をしている女子中学、高校に毎週出かけたりしています。日米協会でもインターン制度をつくったので、若い学生たちと交流しながら楽しく過ごしています。

OBの掟

勤めていた外務省にはよほどの用事がないかぎり、顔は出さないことにしています。みな忙しくしていますし、ＯＢの相手をするのは勘弁と思っているに違いないと知っています。自分自身現役当時、かつてはエラそうで怖かった先輩が遠慮がちに現れたり、妙に愛想よく親し気にやって来たりすると相手するのが面倒だなと思ったものです。

ときおり現役の後輩と会うことはありますが、３つのことはしないようにしています。

「自慢、説教、問いただし」の３つです。

「あれは実はオレがやったんだ」

「君たちは、政治家にもっと言うべきことを言わなきゃダメじゃないか」

「ここだけの話で聞くんだが、あの交渉は今どうなっているんだい」

といった類の発言です。ＯＢと現役が集まる場所でも、こういう発言をする先輩のまわりには後輩があまり近寄らないようです。

わたしは学校とシンクタンクのほかにもいくつかの団体に関係していますが、みなボランティアです。会社組織などとちがって上意下達ではなく多くの場合、参加者は平等な立場での合議制です。雑務も多いです。慣れていない寄付集めでは、かつては受けたことのないような扱いをうけるときも時々はあります。でも着任すると、この団体は今のままでいいいか、なにか新しいことをするともっと発展できないか、などと考えます。これはなかなか楽しいです。第23項に書いたウマルヤディ氏のゴム工場のように心配事はつぎつぎ出てきますので、それがボケ防止という報酬かな、と思っています。

Ⅲ　国際社会に出る

26. 世界に出るか　――一度は井戸から出てみる

二極分化する若い日本人

グローバル化が進んでいる今日、国際社会に出るかどうかなんて時代遅れの問いかけのように見えます。それなのになぜ問いかけをしたかというと日本の若い人たちが二極分化しつつあるからです。

かたや高校を出てすぐアメリカの大学に留学するとか、シンガポールを生活拠点とするなどといった人が増えています。ノーベル賞を受賞する日本生まれの人もその多くは長い間米国で研究しているような人が多いです。ノーベル賞受賞の真鍋淑郎博士の示唆を待つまでもなく、研究者がゆとりを持って自由に研究できる環境が日本にはないからでしょう。米国やシンガポールなどのほうがチャンスが多いのは残念です。分配を重視して格差のすくない社会をめざすことは大事ですが、同時に優れた人たちにとって日本がもっと魅力的になる必要があります。

しかし、他方では国際社会には関心なく、日本という居心地のよいコタツに入りつづけていたいという人たちも増えています。いまや海外転勤はエリートでもなんでもなくなりました。

「住みやすい日本にいて友人とカラオケに興じ、おいしい和食を食べて、家では日本のテレビでも見ているほうが楽だ」

「老親の介護や子供の教育を考えると外国暮らしするのはおっくうだ」

という人たちです。心情的にはよくわかります。

本社の経営企画本部など、いわば本丸に長くいることが出世につながってきたことも大きな要因でしょう。

「残念ながら僕はマルドメ（筆者註・まるでドメスチックの意味）でねえ」

などと自嘲を装ってじつは、自分は本社の必須要員なんだとジマンしている人々をたくさん見てきました。こういう方々はなまじ英語を勉強したりすると外国支店要員にされてしまうので外国語が苦手な〝国内派〟であることを強調する傾向さえありました。

コロナ禍は短期的にはこの国内ステイ派を助長するかもしれません。

結局は大きい市場を相手にするのが得

わたしの考えははっきりしています。何をするにせよ世界相手のほうがマーケットが大きいので、世界を視野に入れたほうが得です。いまコロナで各国とも内向きになっていますが、それは一時的なものでまどわされてはいけません。長期的には経済の原理が働いて企業は大きな市場を目指すと思います。学問の世界でも英語で論文を書かなければ世界に届きません。山中伸弥教授などがノーベル賞の栄冠に輝いたのも論文を英語で書いたのが大きいです。

いまや世界を相手にしていくのは当たり前です。マルドメを自慢するのは飛行機の時代に大艦巨砲を誇ったように時代遅れだと思います。

世界を相手にするためには英語力を磨き、外国の空気も知っておいたほうがいいと思います。若い方はできるだけはやく1年間くらいは外国に暮らしてみてください。そのうえでやはり日本で暮らすのがいいと思えば、そうすればいいのです。日本に住みながらも世界を相手にしていくことはできます。外国で暮らしてみることもしないうちから国粋派にならないでください。コロナ禍ですべて変わったというような議論に乗せられて準備を怠ってはいけません。

根っこは国にあり

「グローバル化で次世代では国境、国家の存在は、小さくなる」

このような空論を述べる人はコロナ禍でさすがに減ったと思います。世界に出ていく準備はすべきですが、今の国際社会ではあくまで国が基本です。コロナ対策や米中対立は典型例です。アメリカも自国でワクチン供給が済んでから外国への供与を開始しました。日本の場合も北方領土も竹島も自分の領土を回復する話です。尖閣は日本の領土を中国が狙っている話です。WTOでもCPTPPでも日米物品貿易協定でもいかに自分の国の産業を守り、相手の国の市場での自国産業のシェアを増やすかのせめぎ合いです。どの政府も国民の委託を受けて自国の安全と国益の増大のためにしのぎを削り合うのです。もしみなさんが中東に行ってテロ犯に誘拐されたら、解放に向けた責任をもち、努力するのは日本政府です。国際機関ではありません。自国ファーストは言わずもがなで、当たり前なのです。

2012年にポトマックの桜が100周年を迎えました。駐米大使だったわたしは日本企業のニューヨークの代表がワシントンに集まった際、

「桜は日米の絆の象徴であり、各企業にもご協力をお願いしたい」

と持ちかけました。これは多くの支持を得ましたが、ある企業の代表が、

「でもうちはもう日本の企業ではなくグローバル企業ですから」

と言われました。

「何をバカな」

と思いましたが、もちろん口には出しませんでした。いかにグローバル企業になろうと

フォルクスワーゲンやベンツはドイツの車、ボーイングはアメリカの飛行機だと認識されています。トヨタもキヤノンも日本そのものと思われています。フランスやドイツはこうした意識が強く、大使館で国祭日に開催されるパーティの多くはブランド企業の出展によって官の催しかどうかわからないイベントになっています。

トヨタ車の安全性についての問題が発生した2010年、当時の日本政府はこれは民間の問題だからと口を出さない構えだったので、わたしは独断でラフッド運輸長官に、

「日本の企業を不公平に扱うことはないようにしてほしい」

と申し入れました。自国の企業を守るのは外交官として当たり前のことです。あのゴーン事件のときもフランス大使はゴーンが不当に取り扱われていないか何度も留置されている場所に足を運んでいました。

ただ、国がベースだというのと安易なナショナリズムはちがいます。国内の大向こうに受けるような発言をして長い目でみてうまくいくことは少ないと思います。こちらがスカッとするということは相手がムカッとする場合が多いのですから。人間関係と同じです。そしてこうしているうちに何か危機がやってくると、相手側に腹を割って話せる相手がなくなり、

「なんだ、パイプがないじゃないか」

ということになってしまいます。そしてスキあらばと横からしゃしゃり出てくる人に出番をつくる結果になってしまうのです。

27. 英語は道具——だからこそ必要

「英語は苦手なんです。有名な先生が『英語なんて道具だ、そんなものより大事なのは中身なんだ』と書いておられたのを読んで安心しました」

と何人もの学生が言ってきました。わたしは、

「どなたか知らないがその先生は読者を元気づけようとしているんじゃないかな。あるいはご自身が外国生活になじめなかったのかもしれない。もしこれから国際社会に出ていこうとするなら、その方の言っていることをう呑みにしないほうが得だと思いますよ。中身も英語も両方大事ですよ」

と言い返しました。英語なんてどうでもいい、というのは若い人の心をくすぐる罪作りな議論だと思います。たしかに英語は道具です。でも、

「道具なんてたいしたもんじゃない」

と言って畑で野良仕事をするのに農具を持たずに素手で出かける農民がいるでしょうか。工具なんていらないという自動車修理工がいるでしょうか。そんな農民にたいした収穫ができるはずがないし、そんな修理工はあぶなっかしいでしょう。道具は大事なのです。

そもそも道具か中身かなどという問題設定自体まちがっています。両方が大事なのです。わたしは若い人にそういう二者択一の議論にふりまわされないようにと言っています。

大学保護者会でのやりとり

退官後、勤めていた上智大学では、毎年保護者会で二人の教授が30分間ずつ計1時間講話することになっていました。ある年、わたしの前に話した教授が30分間のところを40分間、話しました。その中で、述べたのは、

「みなさんのお子さんはこの大学の入試を突破したので英語の力はあります。国際社会で活躍するためには大学では第二語学をしっかりやってください」

ということでした。わたしの時間は20分間しかなくなってしまいました。その腹いせではありませんが、わたしは登壇して、

「今、英語についてのお話がありました。わたしは長い間外交官として国際会議、外交交渉をおこなってきました。大学入試を突破したくらいの英語力では率直に言って国際社会

ではまったく通用しません。どの大学の入試でも同じです。大学に入ってようやくスタートラインについただけです。英語にもっともっと磨きをかけることがみなさまのお子様にとって大事です」

と言いました。第二語学の意義についても意見が違うと話したかったのですが、幸いにも時間が押していました。そのまま言ってしまったら外国語学部が看板の大学でしたから問題にされたかもしれません。そもそも、わたしのこの発言だけでも保護者の方々はあっけにとられたと思います。二人の教員がまったく違うことを言ったのですから。わたしは学生のために本当に思っていることを伝えることが大事だと思ったのです。

この講演会のあと保護者との懇親会がありました。始まってすぐに、さっきの教授がわたしのところにやってきました。

「保護者の前で違うことを言って、恥をかかせてくれましたね」

と文句を言われるのかと身がまえました。保護者会で二人の教授が口論を始めたらきっと語り草になったでしょう。ところが同教授はさるものでした。

「先生の言われたこととわたしの言ったことは基本的には同じですよね。大学では語学をしっかりやることが大事なんですから」

と温厚な口調で言うのです。あっけにとられたわたしは、これこそ大人の知恵、日本的な和の精神の極致だとうなり、あいまいにほほえみかえしました。

「日本的和の精神にうなったなんて、まるで外国人みたいなことを言うなよ」と思われる方もいるかもしれません。でもこのように大きな風呂敷を持ってきてみな包んでしまって違いをかくすのは日本的なやり方の典型で、あらためてすごいなと思ったのです。日本以外では通用しないなとも思いましたが。亡くなったハーバード大学のエズラ・ボーゲル名誉教授も「日本人はすごいです。『おっしゃるとおりです』と言っておいてまったく違うことを言う」と皮肉も交えて述べていたそうです。

どの国のエリートも英語はできる

「いまや英語だけじゃだめだ。第二語学もしっかりやれ」というようなことを言う人は多いのです。でもその方々はみな英語がちゃんとできた上で第二語学のカベにぶつかったのでしょうか。じつは英語力も十分でないのにただ想像で言っている方もいるのではないでしょうか。「十分な」というのは、討論や交渉や契約にもつかえるレベルです。

なぜ英語が大切なのか。当たり前ですが世界の共通語になったからです。エスペラントではなく英語が世界語なのです。

わたしが若い頃はフランス語やドイツ語もかなり力を持っていました。その後中国語やスペイン語を勉強する人も増えました。話者の人口を考えるとこれらの言語圏は大きいです。英語を母国語として話す人間は4億人程度ですが中国語はその倍以上います。しかし英語を公用語ないし準公用語としている人は20億人といわれ、中国語より多いのです。なによりも世界のエリートたちはいまやフランス人でも中国人でもブラジル人でもみな英語を話すようになりました。習近平主席など中国共産党の指導者も、子弟の多くを米国留学させました。

あるときある親しい大臣が「僕ら政治家は語学なんていらないですよね、通訳を使えばいいんだから」と言われました。「いや違うと思いますよ」と答えたのは、たいていの外国のリーダーは英語を話すようになっているからです。今日の政治家でもビジネスリーダーでも英語が達者な方もずいぶんいます。交渉では通訳を使うほうが安全かもしれません。しかし社交やスピーチでどんどん使われたらいいと思います。

情けないと思うのは日本国内の反応です。日本の政治家が英語で話したら「相手に伝わらず、あとで訳してくれと言われた」とか、「冗談が通じなかった」などと、茶化して足を引っ張ろうとします。そのくせいったん定評のできた宮澤喜一元総理などはやたら神格化するのです。

わたしのいた外務省ではロシア語や中国語だけでなくアラビア語、インドネシア語、タガログ語やデンマーク語、パシュトー語、トルコ語、スワヒリ語などいろいろな語学の専門家も多かったのですが、その人たちにも英語の能力は要求されました。ロシア語や中国語の総合職は3年間の海外研修中、最後の1年は英米に留学させていたくらいです。これは圧倒的に多くの情報交換、交渉が英語で行われるからです。中国、ロシア、イラン、シリアについても英語の文献を読みアメリカなどと情報交換、意見交換することが大事でした。公開情報の多くもインターネットから英語で入手できます。

28. めざす英語のレベルと訓練方法 ――耳、口・舌、目の順

では、どのレベルの英語になることをめざすべきなのでしょうか。これは受験用でなく英語を本当にマスターしようという場合です。

耳の訓練

まずは**耳の訓練**、すなわち聞いてわかるようになることです。言語は、話すのも読むの

も書くのも、自分に適したスピードと語彙力で行うことができます。知らない単語は辞書を引くこともできます。しかし、聞くのだけは相手のスピードと語彙に合わせなければなりません。毎回聞き返していては誰も話してくれなくなります。スピーチやテレビのニュースを聞いて意味がわからなければ困ります。

聞いてわかることの重要性といえば、次のような話があります。わたしの先輩が若い頃、そのまたずっと先輩に聞いた話です。

「もしも会議や講演会で自国が侮辱されたら外交官がすることは二つしかない。ただちに立ち上がって反論するか、机にコップを叩きつけて足音高く出ていくかどちらかだ」

というのです。黙って聞いていたら認めてしまうことになるし、静かに部屋を出たら逃げ出したことになるというのです。これは、国を会社におきかえれば会社員にも参考になるはずです。しかしこれができるためにはそもそも侮辱されているのかどうか聞いてわかる必要があります。わからなければみなと一緒になって拍手してしまうかもしれません。YouTubeなどがある今の時代にそんなシーンが流されたらお終いです。ちなみに、あるところでこの話をしながら演壇でコップをこう叩きつけるんです！　と実演したら、ワイングラスだったので脚が折れてしまって陳謝したことがあります。

ある米国の老婦人で日本語が本当に上手な方がいました。目をつぶって聞いているとまるで日本人です。この方は成人してから日本語を習得しました。「どうやってそこまで上達できたのですか」と聞きました。若い頃、日本語の勉強のために来日したときについた最初の先生に、

「はじめはいっさい字をみないようにしなさい。会話だけしましょう」

と言われたそうです。一通りイス、ツクエ、オトコ、イヌなどの語彙が頭に入り会話ができるようになったところで平仮名に入り、「ああ、あのイスというのは〝いす〟と書くのか、イヌは〝いぬ〟か」などとおぼえたそうです。幼児も耳から言葉をおぼえます。白鵬や照ノ富士などの海外出身の力士も四六時中、年中無休で日本語を耳にしているせいか、まったく外国語なまりのない日本語を話します。

耳の訓練にいいのはYouTubeです。映画はものにもよりますがしゃべる速さ、語彙から言ってなかなか難しいです。まずはオバマ大統領やクリントン夫妻、バイデン大統領などのスピーチを繰り返し聞くのがいいと思います。政治家の演説は万人向けですから難しい言葉は使わないし、ゆっくりです。字幕つきのものもありますし、なければあらかじめテキストをダウンロードしておけば目でもフォローできます。パソコンやスマホの利用でいつでもどこでも簡単に英語を勉強できるようになりました。

一応聞きとれるようになったら今度は聞いたことの記録をとれるように練習したらいいと思います。それができなければ留学先で講義を聴講しても国際会議に出ても意味がありません。第11項で書いたように、こうした記録とりができる若い人はいろいろな大事な交渉や会議に連れて行かれ、実地を見る経験に恵まれることになります。

口・舌の訓練

第二に、会議や食卓などの場で自由に割って入って発言できる能力です。

あらかじめ用意したステートメントを読み上げるのは簡単です。流れにそって当意即妙に発言する能力はまったく違います。相手の議論に賛成したり反駁したりしながら自分の思う方向に議論を持っていくようにする力です。だから二つ目はいわば**口・舌の鍛錬**です。訓練方法としてはアタマで思ったことを英語で言えるか試してみるのがいいと思います。たとえば、

「この結論は一方的なので再考すべきです」

と言えるか試してみるのです。「一方的」は英語でどう言えばいいかな、「再考」はどう言うかなと考えてみるわけです。

The conclusion is one-sided. It needs to be reviewed. とか言えるかなと試すのです。英会

話学校でよくあるような、週末や夏休みに何をしましたかという質問に「何をしたっけかな」と時間をかけて思いだすような勉強は非効率です。大事なことは、とにかく口をはさんでみるという気持ちです。そうは言ってもわたし自身、はじめはなかなかできなかったことは第30項で後述します。はじめからあきらめず何度もチャレンジするしかないと思います。

この関連で英語の発音についても述べておきます。インド人、シンガポール人、フランス人などの多くは、かなり強いなまりで英語を話します。しかし自分の英語に自信をもっており、じつに堂々と話します。それでいいのです。

わたしの中近東課時代の課長、村田良平氏は頭脳明晰で後に事務次官、駐米大使、駐独大使という道を歩んだ人でした。この人はドイツ留学組でドイツ語と京都弁の入り混じったような強いなまりでシンプルにゆっくり英語を話しました。

「アイ　シンク　イツ　インポータント　フォア　スリー・リーズンズ。ワン――ツー――　　スリー――……」

という感じでした。しかし、じつにわかりやすく、説得力もあり、「ああこういうやり方もあるんだな」と思いました。意のあるところが正確に通じればいいのです。

目の訓練

第三は**目の訓練**です。書類、文書への対応です。これは二つに分けられます。まずきちんと文書を読み取る能力が大事です。コンマひとつでがらりと文の意味がかわることもあります。もちろん会社の契約書づくりでは弁護士も使えるでしょう。しかし、外国投資の場合など相手先や弁護士に喰いものにされないように、英語力と法律能力がある人はきっと会社では頼りになるはずです。企業調査や監査の報告では一字一句も揺るがせにしないで読みとれることが大事です。これは面倒な文書でも丁寧に読んで練習するしかないでしょう。この訓練はいわば虫の目といえます。

また逆に速読して大意をつかむ能力も大事です。新聞雑誌を30分で斜め読みする力です。日本の大学での普通の講義のようにひとつの本を数ヵ月かけて輪読するのでなく2～3日で読み上げる力です。これは先の虫の目と違い、わからない単語があっても飛ばし読みしていきます。少しずつ読むのでなくまとめた時間をとって読むのがコツです。これはいわば鳥の目といえるかもしれません。これについては第30項で述べます。

欲を言えばこの耳、口・舌、目の三つの能力に加えもうひとつあります。きちんとした文章を書ける能力です。簡潔に、文法的にあやまりのない読みやすい文章を書くことです。これを行うために大事なことは、難しい文章を書かないことです。簡単にいわば因数分解して書くわけです。できるだけ関係代名詞を避け文章を短くします。具体例については第40項で書きます。これは**手の鍛錬**と言ってもいいかもしれません。そして本当に大事なもののときは、ネイティブの人に頼んで誤りがないか、自然な言い方かどうかをチェックしてもらうとよいと思います。

「英語を使える」というのは国際社会ではこれらが組み合わさった能力を意味します。単に買い物したり日常会話したり何日もかけて暗記したスピーチを行ったり一学期かけて本の何章かを読んだりすることではありません。先に述べたような実戦的能力を磨くことが必要なのです。わたしが上智大学の保護者会で「大学に入ったら英語を磨いてください」と言ったのはこういう意味です。もちろん簡単にそのレベルに達せるわけではありません。必要なレベルを認識してそれに近づくために努力すべきだということです。

29. 第二語学の意義

——ネットワーキングの武器

努力賞で人脈が増える

第二語学について述べます。その語学の専門家以外の人にとっては、第二語学は、ネットワーキング、友達作りのためだ、と割り切ればいいと思います。

言葉ができれば世界は広がります。フランス語の食事会、中国語の語らいに英語しか話さない人が一人入っただけでみな気を使って英語を用いようとします。雰囲気が変わってしまいます。ですからそもそも呼ばれなくなってしまいます。第二語学は社交などで不自由がないレベルをめざせばよいと思います。

わたし自身は高校時代からフランス語を勉強してきました。アメリカの大学に英語留学した時は、2年目にフランス人学生たちとシェアハウスで暮らしつつ毎日フランス語を使っていました。その後パリやジュネーブに勤務したときも学校に通ったり、家庭教師についてきました。おかげで一応の会話はできるようになりました。同僚の大使でフランス語を使わない人たちはスイス人と付き合わず自分たちだけで社交していました。わたしのレベルのフランス語でもその土地の方は喜んでくれて食事会に招かれたりするようになりました。

ジュネーブは小さい社会でしたからいったんそこの社交界で受け入れられると友達がどんどんでき、泊りがけで別荘などにも招かれました。努力賞として評価してくれたのでしょう。

真剣勝負は第一語学で

第二語学は、ネットワーキングのために有効ですが、交渉や契約などは原則として英語にするか、相手の言葉と日本語の双方を使うことにするか決めたほうが良いと思います。中国人と中国語で交渉し、ロシア人とロシア語でやり合い、ブラジル人とポルトガル語で契約しようとすれば相手側に有利に決まっているからです。少しわかるからと言ってそんなことをやるより両者にとって外国語である英語を用いたほうがいいことは自明です。すでに述べたように今や英語が世界語になり、どの国のエリート層も英語を使います。30年前とはまったく違います。交渉や契約は真剣勝負です。一語一語厳密に詰めなければなりません。言葉自慢などをする余裕はありません。

ヨーロッパのように自然に他の言語に接する場合には比較的容易に外国語が習得できるようです。オランダ人、ルクセンブルク人などその典型です。そういう環境にいなければ一般的には語学修得には膨大な時間とエネルギーを要します。それだけの時間をＡＩなど未来志向的な世界共通の勉強に向けたほうが効率的な場合が多いと思います。

30. わたしの英語修行 ――苦しかった米国での勉強

米国シアトルの中学

わたしが英語に初めて接したのは幼稚園のときでした。1950年代のはじめです。4歳のとき父がロンドンに赴任し、1年半後ジャカルタに行き1年暮らしてから帰国しました。英語は片言だけで数少ない日本の絵本を繰り返し眺めていました。6年間の日本の小学校生活で英語は一言も話せなくなっていました。中学に入ったとき蛇snakeのスペリングをスナケとおぼえて母親が慨嘆していました。

中学1年の秋から父の赴任先となったアメリカのシアトルで公立中学校の1年に入りました。

「お手洗いがわからなくなったら"Where is the rest room?"、もしなにか話しかけられたら"I don't speak English."というんだよ」

と教えられて押し出されました。ただ、耳というか舌には何かが残っていたのでしょう。発音に苦労することはあまりありませんでした。数学だけが救いで、後の科目は悲惨でした。社会も理科もまったくわからないのです。例えば日本の中学1年生だったら歴史上の人物として聖徳太子や織田信長は当たり前に知っていますし、理科で光合成や肺や肝臓という言葉は知っていますが、それらに相当する米国の人物や単語をいっさい知りませんでした。

わたしは姉や妹にくらべると言葉の修得が遅かったようです。よく「ウチの子供は早い、2～3ヵ月で親よりうまくなって、お友達もすぐできた」などと自慢する人がいます。後年、わたしは外国勤務中に東京から赴任してきた若いお父さんやお母さんに、「そういう話をよく聞くでしょうが、ウチの子は遅い、大丈夫だろうかと心配することはありません。そういう自慢をする人はよほど恵まれているのでしょう。そんな簡単にペラペラになるはずがありません。大部分の人は黙っていて言わないだけです。わたしが見本です」

と言っていました。

中学2年の終わりに帰国しましたが、1年半では帰国子女と胸をはれるようなレベルには達しませんでした。

米国留学——ぶ厚い英書の速読法とリポート書き

英語を集中して勉強したのは外務省での2年間の米国留学のときです。万国共通語の数学でかなりカバーできる理系科目は別かもしれません。もろに外国語で読み、書き、聞き、話さなければならない文系科目ではたいてい途方もない壁にぶつかるはずです。とくに大学院生とちがい学部生の場合には、相互に関連のない科目がいくつもあるのですからたいへんです。各課目の教授は毎週数百ページものぶ厚い本を読むよう指示します。日本の大学での原書講読は1週間で数ページというペースでしたからまったくちがうスピードでした。そして読んだ後、タイプ打ちのリポートを提出しなければなりません。

わたしは夏休みに外国人ばかりのハーバード大学のサマースクールを終えたときの成績はトップクラスだったので少しは自信がありました。しかしこれは外国人の中の話で、米国人の間ではまったく歯がたちませんでした。

最初に行ったブラウン大学（学部）でまずカベにぶつかりました。幅広い一般教養の科目の課題図書をとうてい読みとおせません。リポート書きも追いつかず夜中に同室者を起こさないよう部屋を出て廊下のカーペットにすわり、ポツリポツリとタイプライターを打っているとみじめな気分になりました。

そのうちようやくコツがわかってきました。いろいろな流儀があるでしょうが、ご参考までにここにわたしのやり方を書きます。これは英書が早く読めるようになるまでの、いわばサバイバル術でした。

本を初めから一ページずつ読むのでなく、

——まず目次で全体の構成を頭に入れます。

——つぎに各章の初めや終わりにあるエグゼクティブ・サマリーという要約を読み、本の概要を頭に入れます。英書の場合しばしばそういう要約がついています。

——その段階で書くリポートのテーマを決めます。

——それから英書には必ずついている索引を使って必要な部分にポストイットを貼りながら読みます。ポストイットを貼るのはあとで引用しようという場合などに容易にするためです。この索引利用は効率化のためには大きな効果があります。たとえばイラク戦争をめぐるパウエル国務長官とラムズフェルド国防長官の対立をテーマにしたとします。この二人の名前がでてくる場所だけ読めば何が原因だったたか、どう決着したか一応わかります。

——最後に、できれば教授指定の本だけでなく同じテーマを扱っている他の学者の本も図書館で借ります。そして索引を使って該当部分を読んで比較します。


このようにして複数の本を読んでリポートを書けば、課題図書だけ初めから終わりまで読んだ人より深みのある分析ができます。

この読み方、リポートの書き方のワザは米国の大学の学部に入学してたいへんだと言って

いる若い日本人学生に伝授しました。なるほど、と得心していたようでした。彼にはまた、

「邪道かもしれないが日本語の教科書を持っていくといい、それをザッと読んで教科の内容をつかんでから英語で読むと速いよ」

と言いました。

「助かりました。おかげでずいぶん楽になってきました」

と言っていました。

英書を速く読むコツ

普通に英語の本を読むスピードを上げるコツは、まず面白そうなやさしい小説などから始めるのです。わたしの頃はヒッチコックやモームなどでした。

これらを読むコツは、次のようなことです。

——いちいち知らない単語をひかない。

——会話などを中心に読み、こまかい風景描写などはとばす。

——とにかく流れをつかむ。

——少しずつでなく一定の時間を確保して読み切る。

こうやって英書に慣れていくわけです。

かつて植草甚一という多才の評論家がニューヨークに行ってペーパーバックを段ボール何箱か買ってきて読み暮らしているとエッセイに書いていてホンマカイナと思っていましたが、なるほどどこんな読み方だったのかなと思いました。もっともエッセイストだった彼は精緻に読んでいたかもしれず同類だと決めつけるのは失礼かもしれません。

小学校3年生の算数で100点がとれなくとも6年生になって同じテストをやればほとんどの人が満点でしょう。いつまでも同じところが完璧になるまで足踏みするのでなくどんどん進んでしまうほうが効率的でしょう。それと似ていて、細かい点にはあまり拘泥せず読み飛ばしていくのです。まじめな本もだんだん早く読めるようになりました。週末を使って一気に新刊のフルシチョフ回顧録を読みとおしたときの満足感は今でも覚えています。最近でもアメリカの政治関係の話題の本は発売と同時にキンドルで入手し2〜3日以内に読みます。もっとも聞く本Audio Bookに頼ることも多くなってきました。

沈黙の東洋人――スタンフォード大学院の試練

1年間東部ブラウン大学で過ごしたあと2年目はスタンフォード大学の大学院に行きました。カリフォルニアのパロ・アルトは、暖かく、いつも空は青く、寒く暗いニューイングランドに比べると別天地でした。同じ年ごろの大学院生の仲間もでき今にいたるつき合いになりました。ただ大学院でのディスカッションは思ったよりも大変でした。

発言しようと思って頭の中で整理していると次の話題に移って発言機会を失ってしまいます。何回かこれが続くと、いつも黙っているので、もしかするとまわりの学生は、「東洋には『沈黙は金』という美徳があるそうだから、あの男も黙ってはいるがじつはたいへん賢いのかもしれない」

と思ってくれているのでないか、などと自意識過剰の妄想をしてしまいます。そして「なあんだ」と思われないように口をひらくとよほどいいことを言わなくてはいけないと思い、ますます発言できなくなってしまいました。たとえば小学校の教室でいつでもヤジを飛ばしている子が野次っても、みな気にもとめません。しかしふだんおとなしい子が突然授業中にギャグを言ったりするとクラス中があっけにとられて白けるような感じとでも言えばいいでしょうか。2時間座っていて一言も口をはさめず終わった後、美しい広大なキャンパスを自転車で走りながら「ああ言えば良かった、こう言えたのに」と思いつつ落ち込みました。

若手国際派のチャンピオンである友人の以下の文を最近読んだとき、自分のことかと思ったくらいです。

「日本では毎年のように学級委員になり、生徒会でも活動していました。(中略)今の私を知る人には驚かれてしまうのですが、高校で留学した2年間、私は全校集会で一度も発言することなく終わりました。全校生徒の前で英語で意見を言うなど、あり得ないことだったのです。ときには言いたいこともあったのですが、論点を整理して文章を頭の中で考えているうちに、全体の議論は次へ移ってしまっていました」（小林りん『世界に通じる「実行力」の育てかた』日本経済新聞出版）

正直に言うと、留学中にはディスカッションでの発言は満足できるレベルにはなりませんでした。これはあとから考えると酒などの発酵熟成期間にあたるものだったように思います。赤ちゃんがだまって聞いていてしゃべりだすと急にどんどん話すようなものです。

熟成期間完了

外務省で国際会議に出るようになると、むしろ会議で発言したくてたまらないようになりました。これは言葉の問題というよりも日本の代表団の立場が決まっているので、「ああ言えばいいのに」とか「黙っていないでここでかましてやればいいじゃないか」とか上司の後ろでひそかに思いを込めるようになったからだと思います。第11項で書いたように、初めは国際会議に行っても発言機会はなく記録とりだけだったので、スタンフォード大学院の続きでわたしの中で自分の幻の発言が熟成していったのではないかと思います。

ようやく熟成期間終了＝準備完了となりました。その後は国際会議や交渉でもものおじせずどんどん発言できるようになりました。

もっともこういう熟成期間なく国際会議や交渉に参加した国内官庁の友人も多くいます。しかし、彼らもみな実際の場でけおされるような気がしたことはないと言うのです。こちらの立場が明確であり、それを伝える使命があるならば、みなものおじなどしないようです。ですからよく「日本人は学校時代から議論に慣れていないので国際交渉や国際会議に弱い」と言われますが、喰うか喰われるかの交渉の場ではスピーチ大会や模擬討論の経験などあまり関係ないと思います。

31・日本の英語教育
――まずは先生を育てよう

わたしは英語教育の専門家ではありません。英語教育強化というとすぐに「小学校から英語を教える」などという議論になります。いい目標だとは思いますが、まずは教員を強化すべきではないでしょうか。

逆ジェット

わたしがこの10年間主張してきたのは、日本人の英語教員の国費留学です。余裕のある一部の地方公共団体ではすでに行っていますが、地方まかせにせず国の政策として行うべきだと思います。日本の公立中学で毎年新たに英語の教員になる人は47都道府県でおよそ計1000人です。この人たち全員を1年間米国に留学させる費用は一人約1000万円、合計で約100億円です。たしかに大きい金額ではありますが国家百年の大計から言ったらけっして出せない額ではないと思います。新しい国立競技場の十数分の一の金額です。まずは先生づくりからはじめるべきでしょう。

竹下登内閣の時代に英語国から若い人を日本に招き、主に地方で英語の補助教員とするプログラムができました。ジェット（The Japan Exchange and Teaching Programme）です。これは生徒に本場の英語に触れさせつつ、新しい親日家も増やせるすばらしい計画です。しかし外国人の若者の大半はその後日本で英語教員にはなりません。

それに対して、日本人の英語の教員はほぼ一生英語を教えます。一人の教員が1年間で30人のクラスを5クラス教えると40年間で6000人の生徒になります。教員就任後5年以内に留学し英語に自信を持ち国際感覚も涵養した人に教えてもらう——なんと投資効率のいい計画ではありませんか。わたしは「逆ジェット」と呼んでいます。

10年ほど前、日本政府もこうしたプログラムを始めました。米国にいた当時、このプログラムで派遣されている教員たちの一部が留学しているデラウェア大学に視察に行きましたが、生き生きと学んでいる姿に感銘を受けました。残念ながらこの計画は、だんだん先細りになり、ついには立ち消えになってしまいました。

「架け橋プロジェクト」のように優秀な学生を送り出すのもいいのですが、英語教員にもっと目を向けてほしいとわたしは思うのです。そう言うと「代わりがいないので現役教員を出しにくい」という議論をする人がいます。定年になった先生に戻ってきてもらってもいいし、長年外国に暮らした人に教員研修、試験を受けてもらい非常勤で採用するのもいいでしょう。本気でやろうと思えば必ず道はあります。

似たような話にマイク・マンスフィールド研修計画というのがあります。マンスフィールド駐日米国大使時代、日米摩擦緩和の一方策として、米国政府機関の中堅職員を1年間日本の政府機関などで働きながら研修させるというものです。すばらしい計画だと思います。しかし、それならば、当然日本政府からも米国の政府機関に研修生を入れてもらう計画があってしかるべきではありませんか。しかしそれはないのです。摩擦解消策だったので一方的な形のものを作りいまだに直していないのです。

これとは別ですが、わたしが外務省北米局長のころに「米国国務省の職員を外務省で研修させたい」という提案が米国からありました。わたしは勝負どころと思ったので「こちらも国務省で外務省職員を研修させてもらえるならいいが、そうでなければ断る」と言いました。先方にも当方の関係者にもびっくりされました。国務省が断ってきたので、こちらも受け入れませんでした。

数年後、国務省が折れてきて相互交流が成立しわたしが駐米大使のころ外務省の若い人が国務省のアジア太平洋局に派遣されるようになりました。

JETもマンスフィールド計画もすばらしいプロジェクトですが、それに見合う日本人の教員や公務員の育成計画がないのはバランスを欠いていると思います。日本のリーダーたちに検討してほしいと思います。

32・留学——高すぎるハードル

機会があれば行くべき

日本の大学からの交換留学、あるいは勤め先からの派遣の形でアメリカの大学院などに留学するような機会があればぜひ活用されるといいと思います。留学ほど先憂後楽という言葉がピッタリ合うものはないと思います。留学時代というと楽しかったと言わないといけないような雰囲気が一般にあります。

友だちもすぐでき、親切な人たちにめぐり合って受け入れられ、充実した日々で、「ああよかったなあ」と遠い目をして懐かしまないと失敗者のように思われてしまうからでしょうか。わたしが入省した頃の外務省でも、「えっどうしてあの人が」というようなタイプの人も、森鷗外の「舞姫」のように追いすがる女の子を振りきって逃げ帰ってきたような話をしていました。相当空想も入っていたのではないかと思います。

実際に留学するとけっしてそんな夢のような生活ではありませんでした。ひとりぼっちで何日も食事したり、長い休みをどこですごそうかと悩んだり、パートナーが見つからず映画や観劇をあきらめたりしたこともあったはずです。でも多くの方はきっとそうしたことをすべて忘却の彼方におしこめてしまうのでしょう。

それでも同じ1〜2年間でも、日本の大学や会社にいるよりも語学力、国際感覚、人脈をふくめて大きなものを自分の中に蓄えることができると思います。

わたしは高校を出てすぐアメリカの大学に行ってもいいが、行かなければならないとは思いません。国内にも立派な大学はあります。明治以来百余年の努力でしっかりした基盤ができています。そこにいったん入ってから交換留学や大学院留学という形で行っても遅くないと思います。

こう言うと、日本の大学は世界ランクが低いではないかと反論されるかもしれません。それは国際的に引用される論文の数や外国人留学生の数が指標になることが多いからです。日本の教授は理系を除き英語の論文を書く人は少なく、日本語の講義が多いので外国人留学生にはそれほど魅力的ではなかったのです。ですから日本の大学の実力は過小評価されていると思っています。

「日本の若者は覇気がない？」よく言うよ

「最近の若者は覇気がない、おとなし過ぎる、なかなか留学や海外勤務もしたがらない」というのが、経営者など年配の方々のきまり文句です。耳にタコができるほど聞きました。わたしはウンザリしながら「よく言うよ」と思います。「それは国とあなたがたの責任ですよ」と言いかえしています。たとえば留学しようとすると４つのハードルがあります。

一つ目は「語学のハードル」です。今の日本の英語教育を受けただけで、たとえアメリカの大学に入ってもついていくのは至難の業です。大学院はまだ自分の専門科目にしぼって授業をとればいいのですからとっつきやすいと思いますが、学部は幅広い科目をたくさんとらなければならず、より広範な英語力が必要とされます。泳ぎを教えないで子供をプールに叩き込んで「泳いでみろ」というようなものです。

二つ目は「授業料のハードル」です。日本の国立大学で年間50万円、私立大学でも100万円程度なのにハーバードのような米国の一流大学は学費だけで年間500万円です。寮費など入れれば700万〜800万円になります。返済不要の奨学金が増えなければ手が届きません。50年前、わたしがスタンフォードの大学院に留学したときはまわりの日本人はほとんど大企業からの留学生でした。今や大企業からの留学生が減っているのは残念です。

三つ目は「就職のハードル」です。最近ようやくボストン・キャリア・フォーラムなどができて、外国大学の卒業者にも途が開かれはじめました。しかしこれまでは、米国でもトップ・ランクの超有名大学でないと日本の社会ではあまり評価されず、いわゆる就活で不利な傾向が長くつづきました。

四つ目は、会社に入ってからの「昇進のハードル」です。なまじ英語ができたり外国大学出身だったりすると、海外要員にされて本社の中枢にいられないという雰囲気がありました。もちろん一部の大企業は例外です。わたしの知っている某有名新聞の政治部記者は、少年時代フランス育ちでフランス語がペラペラでしたが外信部に回されないように社内でずっとかくしていたそうです。

これら4つのハードルをそのままにしてきたのは日本の政府や経営者の方々です。ですから政治家や経営者の方々が若者についてこぼすとよくもまあご自分の責任を棚にあげてと思ってしまうのです。

支援は日本に行うべし

日本にとって大事なことは、日本の大学や研究機関を資金的にも充実させ、アップグレードしていくことだと思います。第26項でも触れた頭脳流出の傾向が変わるためにもこれは大事です。

わたしが腑におちないのは、政府や企業がアメリカなど先進国の資金豊富なトップ大学やシンクタンクに多大な寄付をすることです。もちろん日本研究を支援するということは大事です。日本の企業名を冠された講座や研究職が海外の大学にできるのは、広報効果もあるでしょう。しかし国家百年の大計を考えれば、日本よりもはるかに恵まれた先進国の教育研究機関に寄付するというのはヘンな話です。なぜ日本の教育研究機関を支援しないのでしょうか。メディアももっとこうした点を議論すべきだと思います。

33. 外国人とのつき合い方　――一人ずつが相手

まずは好奇心から

顧問をしていた会社でこれから外国に勤務する方々にお話しする機会がよくありました。そのとき「大事なことは赴任する国やそこの文化や人に関心を持つことですよ」と言いました。

アメリカ人が日本に来てステーキやハンバーガーしか食べず、アメリカの映画しか見ないと言ったら我々もどうぞご勝手にと相手にしないでしょう。外国に行っても日本人同士でいつも和食屋さんに行って家で日本のＤＶＤばかり見ているのでは、その国の人の友人にはなれません。この国の安くておいしい料理を食べたいので案内してくれませんか、とか、週末に郊外でどこを訪ねたらいいですかとか現地スタッフに聞くといいですよとアドバイスしていました。

国民性と流儀

外国人と付き合うとき、価値観、国民性の違いはありませんかということをよく聞かれました。たしかに国民性というものはあります。

たとえばアメリカについて本を読んでいるとこんな記述にであいます。

「アメリカ人は世界に自分一人しかいないかのように私的利益に専心し、次の瞬間、すっかりこれを忘れたかのように、公共の問題に没頭する」

「アメリカ人の歴史を見ると、外国に対して相当不正と思われるような行為を犯した例はあります。しかしその不正は、外国からの抗議とか請求とかによらず、アメリカ人自身の発意で、それを矯正しております。これはアメリカの歴史が証明するところです。われわれは黙ってその時期の来るのを待つべきです」

じつは、これは今の話ではありません。前者は1840年に著されたフランスの政治思想家トクヴィルの『アメリカのデモクラシー』第2巻の一節です（『アメリカのデモクラシー』岩波文庫）。後者は幣原喜重郎の回顧録の一節で、1914年頃カリフォルニアの排日移民問題に困っていた際、ブライス駐米英国大使から受けた忠言として紹介されています（幣原喜重郎『外交五十年』中公文庫）。アメリカ人の国民性を100年以上前から欧州人はこんな風に見ていたのかと思い、歴史や伝記を読む醍醐味を感じました。

でも多くの場合、「国民性」というより「習慣の違い」が大きいのではないかとも感じました。たとえば日本人はどんなに自分の子どもが優秀で内心は自慢でも、「家の息子や娘はどうも不出来で心配だ」などと口にします。少なくとも最近まではそれがお約束でした。アメリカ人は逆にほぼ必ず「我々は娘や息子が誇りだ（"We are so proud of her or him"）」と言います。これは一種の決まり文句で、単に娘や息子がおります、という程度の意味です。どこのうちでも「ママの焼くクッキーは世界一」であり、引退する人は「世界最良の職場を去る」と言いますがこれらはただの決まり文句なのです。

わたしは学生時代に米国の地方の町工場を経営している普通の家庭でクリスマスをすごしたことがあります。当日プレゼントの箱を開けるとみな、

「ちょうどこれが欲しかったの（"This is just what I wanted!"）、どうしてわかったの」

「いい色ね。今のスカートにピッタリ」

とか言い立てるのです。それがひとしきり終わると「レシートを頂戴」と言って次の日に自分が本当に欲しいものに取り替えにいくのです。一般論化はすべきではないでしょうが、わたしにはいかにも米国流らしく印象に残りました。

こういう「しきたり」は、たとえば欧米人が空港に迎えに来た家族に抱きつくという形でもあらわれます。はじめは大げさだなと思いました。でも何かもらってもあまり喜びの感情を出さなかったり、何年かぶりに会っても素っ気なく「飛行機揺れた？」とかどうで

もいいことを聞いたりする〝日本流〟よりいいじゃないか、とも思うようになりました。習慣やしきたりというベールの下は「個人」になります。相手を一人の個人としてみることが大事だと思います。日本人がみなまじめで礼儀正しく慎重なわけではないでしょう。アメリカ人だってみな明るく開放的なわけではありません。暗く堅苦しい人もいます。スイス人も生真面目で小うるさい人ばかりではありません。愉快で楽しい人はたくさんいます。「何国人はどうだ」とか知ったかぶってステレオタイプで決めつけるのはばかげています。

外国にもって行くと楽しめる本

外国に行く方にはその国の文学を読んでおくことをお勧めします。福田和也さんの『贅沢な読書』(ちくま文庫)には、旅行に行く際に、

「どうして、その土地にちなんだ、関わりのある本を持っていかないのか、読みながらいかないのか、ということが不思議でならないのです」

とありますが全く同感です。

小泉信三氏(元慶応義塾塾長)は森鷗外が好きで、

「わたくしは昔、留学を命ぜられてヨーロッパにいっている間に(中略)『即興詩人』に出

て来る地名をみな歩いてみました」

と書いています（小泉信三『わが文芸談』講談社文芸文庫）。

わたしは志賀直哉、佐藤春夫、川端康成監修『世界紀行文学全集』（修道社）という全集を若いときに揃えました。漱石、荷風、虚子らが１００年も前に世界各地を訪問した際の随筆が集められたものです。行く先々に持っていきながら、ああ、あの文豪がこの地でこんな感想を持ったのかと思いを馳せつつその地を歩くのは楽しいものでした。

34．発信と受信 ——ＰＲマンにならない

日本文化や歴史を知らないと恥ずかしい？

「自分は、日本についてよく知らないことに気がつき恥ずかしいです。しっかり日本の歴史、文化を勉強したうえで外国に行きたいと思います」

最近の若い人は判で押したようにこういいます。わたしの答えはこうです。

「日本文化を勉強するって大変なことですよ。茶道、華道、書道、能、狂言、歌舞伎、文楽、舞踊、邦楽、和歌、俳句、落語、着物、和食、陶芸、塗り物、絵画、建築、庭園、文

学もあります。剣道、柔道ほかの武道もあります。新しいものではアニメ、マンガなども
あります。歴史も2000年に及びます。通暁するのは大変です。勉強しているうちに年を取ってしまいます。アメリカ人でもフランス人でも自国の歴史や文化に通暁している人はまれです。準備万端ととのえなくとも、とにかくはやく出かけてみることが大事ですよ」

若い日本人が外国人から聞かれたときに、何の意見知識もなければ恥ずかしいのは次のような事柄だと思います。


「地球の温暖化についてどう思うか」

「戦前の日本のアジア侵略を知っているか」

「東日本大震災後の復興状況はどうか」

「原発についてどう考えるか」

「難民や外国人労働者受け入れについてどう考えるか」


これらについて「わからない、考えたこともない」というのでは、

「この人は自分のことしか考えてない人なんだな、人類の大きなことに関心がないな」

と思われてしまいます。

受信下手

旧知の仲だった故・緒方貞子さん（元国連難民高等弁務官、ＪＩＣＡ理事長）とお話ししたとき、

「日本人は発信下手と言うけれど、実は受信下手よね」

とおっしゃり、意気投合しました。日本人の多くは英語力の不足もあり、会話をなんとか日本という土俵に引きずりこもうとします。これは行き過ぎないようにすべきです。

たとえば鹿児島の人と会ったら、話題が前回は西郷さん、今回は桜島、次は知覧の武家屋敷や平和公園、次は薩摩焼と薩摩切子、次は黒豚と黒牛、次は芋焼酎、次はキビナゴ、次はかるかんと春駒、次は薩摩茶……と来たらひいてしまうでしょう。もちろん日本好きの人もいますがそれほどでもない人もいます。わたしは駐米大使をしていたとき、在米の日本人には、

「みなさん、日本大使になったつもりになってください。日本の文化への米国人の関心を高めてください。尖閣や慰安婦についてわたしどものホームページに日本の説明ペーパーは載せています。もし聞かれたら日本の立場を説明していただきたいのです」

と言っていました。しかしいま若い人へのアドバイスは少し違います。

「日本の立場の説明や文化の紹介は、日本の外交官や長く滞在している日本人にまかせておいて、まずは行く国や会う相手に関心を持ってください」

と言っています。それが友達づくりのポイントです。誰でも自分のことばかり話す人は閉口でしょう。

米国にいる日本人の子供たちにも「日本の小さな代表になる必要はない」と言っていました。当時日本がニュースで話題になるのは尖閣や竹島でした。わたしは日本人の子供たちには、

「お父さんやお母さんの受け売りの知識で中国系や韓国系の子たちと尖閣や竹島について論争したりしなくていいですよ。そんなことは大人にまかせておいてとにかく中国系や韓国系の子たちと友達になってください。そのほうが将来君たちのためにも日本のためにも役に立ちます」

と言っていました。ある方からあの話を聞いて「ウチの子は『こんど中国系の友達を作った』と言ってきましたよ」と言っていただいたのは嬉しかったです。

ひとつ、日本人の受信下手の例をお話しします。アメリカ人のオフィスに行くとたいてい多くの写真が置いてあります。家族の写真、自分のスポーツの写真、著名人との写真、故郷の写真などです。これらはいわばその人の自慢であり、「話題にしてください」と発信しているのです。わたしが案内する日本の要人にはあらかじめそうした旨を伝えておく

のですが、なかなか相手の発信をうまく受けとめて関心を示してくれません。

「ああ大統領に会われたのですか、どんな機会にですか。印象はいかがでしたか」とか水を向ければいいのです。家族写真が置いてあれば、内心どう思っているかは別として、「奥様ですか、素敵な方ですね」

とか言えばいいのです。ところが多くの方は話題の宝庫に目もくれず、

「ワシントンはこの3年に何回目の訪問で明日ニューヨークで講演します。来月は北京、そのあとは中東に行く予定です」

というようなご自分のイソガシ自慢から始めてしまうのです。

第18項にも書きましたが、通常、人間が一番関心がないのが「他人のスケジュール」です。誰がいつ北京に行こうがニューヨークで講演しようがどうでもいいのです。

会話の目的は相手を感心させることではない、友達になってまた話したいと思ってもらえるようにすることだ、という意識をしっかり持つことが大事なのです。

35. 外交官の特性

――頭と体の引っ越し屋

外交官になってみて自分はこの仕事が性に合っているなと思うようになりました。それは定期的に「頭の引っ越し」と「体の引っ越し」があり、飽きがこない仕事だったからです。

頭の引っ越しというのは、安全保障、エネルギー、貿易交渉、政治分析、文化交流など幅広い分野の仕事に次々に携われたことを指します。部署が替わるたびに「2週間たったら『着任したばかりなんで』という言い訳は通用しないよ」と言われ、勉強させられました。もちろん他の省庁でも1～2年ごとの異動はありますが、外務省ほど違う分野に変わることはないでしょう。

「そんな仕事ぶりは深くない。本当の専門家ではない」という意見もあると思います。でも、わたしには商社のようにずっとゴムとかプラント一筋とかいう人生よりも合っていました。わたしはある商社で「若い人たちを数年間でも部門間配転をしたほうが、多くの人が広い視野を持てるようになるのではありませんか」と提案したこともあります。

「我々は本当の専門家集団なのでそんな余裕はありませんよ」

と返されました。もったいないなと思いました。

もう一つの、体の引っ越しは何年かごとに日本から各国の大使館や総領事館に赴任する、文字どおり移動することです。

大蔵省主計局に出向していた頃、ある上司が、

「僕は30年以上この建物の中で主計局と大臣官房のある2階にしか勤務したことがないんだ」

と自慢げに述懐したとき、自分なら耐えられないと思ったことがあります。医者や商店主も同じ建物に通いつづける仕事ですね。慣れが出ると飽きやサボりがでやすいわたしには外務省は合っていたなと思いました。ただ、妻は引っ越しや子供の教育、付き合いなどたいへんだったと思います。感謝しています。

外交官に望まれる5つの能力とは

「外交官はどんな能力を持つことを目指すべきですか」と聞かれると欲張って次の5つの能力を挙げてきました。**ジャーナリストの情報感度、政治家のコミュニケーションと判断、弁護士の詰め、ホテルマネージャーの運営能力、そして人に好かれる社交家**の5つの要素です。

ジャーナリストのような情報感度アンテナというのは国際情勢の展開をいちはやく察知

するためです。独ソ不可侵条約の締結に際し、「欧州の天地は複雑怪奇なる新情勢を生じた」といって辞職した平沼騏一郎内閣の二の舞を踏まぬよう情報収集することが外交官の第一歩です。その上で分析し、対応策を練るわけです。

特に大使館にいるときは、その国での人脈を築き情報を得なくてはいけません。日本のテレビや新聞に出たニュースにつき大使館から公電での報告がないと、東京から「大使館は何をやってるんだ」ということになるので特に政務担当時代は神経を使いました。メディアはまず町の誰かの声や公式発表を伝えればいいのですが、大使館の場合、政府のしかるべきレベルの反応をとらなくてはなりません。時差があるので何時でも電話をかけられる関係の相手をつくるようにしていました。

政治家のように広いコミュニケーション力と政策立案力も大事です。

外交官はスピーチを行って日本の立場への理解を求めます。日本はいかにすばらしいかというような宣伝では誰もきいてくれません。日本のかかえている問題の大きさを話しそれにいかに立ち向かっているかを話すと、共感をよびます。日本を応援したいなと思わせるような話し方を心がけていました。また、スピーチや講演の冒頭で日本について知ってほしいことについて簡単な賞品付きのクイズをして、最後に発表、賞品授与を行うといっも盛り上がりました。

また外交官は政策の企画立案をします。最終判断するのは政治家ですが、そのための下ごしらえを行うのです。いわば政策判断の黒子役です。戦後の歴史を見ても、サンフランシスコ平和条約、日ソ共同宣言、国連加盟、安保条約改定、日韓基本条約、沖縄返還、日中国交回復などどみな政治家と外務官僚のコラボレーションです。こうした黒子役は他の公務員も同じです。

弁護士、マネージャー、社交家

弁護士の詰めが外交官に必要なのは、首脳会議の共同声明など文書作りが大事な仕事だからです。一言一句ゆるがせにできません。過去の文書や相手国と作った文書なども頭に入れた上で、日本の言いたいことを書き入れ、また将来問題とならないよう気をつけながら起草するのです。相手国との関係、国会との関係、予算上の意味合いなどいろいろな方面から考えます。これらは発表後ただちに国会やメディアで厳しく追及されますから、説明可能なように一言ずつ詰めるのです。

ホテルのマネージャーの要素も必要というのは、大きな組織がうまく転がっていくための気配りができるかということです。それぞれまったく違う職種の働く人の和をうまく引き出す必要があります。ホテルの運営の場合、レセプション、宿泊室の整備、配車、食事、通信、観光ツアー、セキュリティ、掃除、経理などまったく違う分野の仕事に神経が行き届く必要があります。おもてなししている相手に自分が大切にされていると思ってもらえるかがポイントです。大使館の場合も政治、安保、経済、文化広報、通信その他いろいろ違う専門家の集団をまとめて日本という国をアピールし外国の人に好感を持ってもらうという意味で似ていると思います。また本当のホテルのようにおもてなしをするのも他の公務員にはあまりない外交官の大事な役目です。

最後の、人に好かれる社交家というのは、あの人を招きたい、一緒に食事したり旅行したりしたいと思われるようになるということです。自分の話ばかりしたり、しかめ面して仕事の話しかしないということでは誰も誘ってくれなくなります。結局は人間同士の付き合いですから、楽しい場を一緒につくれそうな人だと思われることが大事です。その意味で過去の日本のリーダーで異彩を放つのは中曽根康弘元総理です。いろいろな方面に通じていました。書を能くし、俳句をひねり、絵を描き、シャンソンを歌い、カントを論じ、水泳し、座禅にも参じていました。シュミット西ドイツ元首相が回顧録の中で、

「中曾根は、多彩な才能をもつ人物である。彼はスポーツをするし、絵を描き、折に触れて詩を書く」

と記し、中曽根元総理から贈られた俳句を紹介しています（『シュミット外交回想録』岩波書店）。やはり親しみを感じたのでしょう。

外交官だけでなく、どんな社会人にもこの5つのポイントは参考にしていただけるのではないかと思います。すべてに満点など誰もとれません。ただどれかがすっぽり抜け落ちないように心がけるべきでしょう。

36．外交官は外国かぶれか？

どこの国の外交官？

1980年代、レーガン大統領時代のジョージ・シュルツ国務長官の有名な話があります。彼は新たに派遣する大使を自分のオフィスに招き入れ、

「無事上院の承認も終わりましたね。最後にわたしのテストを受けてもらわなくてはいけ

ません。あなたの国の上に指を置いてください」

と言って大きな地球儀を回すというのです。

「すべての大使が失敗した。でもわたしは見逃すことにしていた」

新任大使はみなこれから赴任する国に指を置いたが、長官が、

「違います。あなたの国は米国ですよ」

というのが話のオチです。長官がこんなことを一回でもやったらただちにウワサが広まるでしょうから実際はそう何度もできなかったと思います。外交官は母国のために派遣されるんだぞ、任国を好きになってもいいが常に母国のためということを忘れるなという戒めでしょう。

外交官というと長い間の外国暮らしをひけらかして、キザというイメージがあります。とんでもないことですが、日本と欧米の経済格差があった時代には、たしかにそういう風潮もありました。

研修語学で信奉者に

わたし自身外務省に入って食事や服に関心が高い人たちが多いのにびっくりしました。

父は外務省勤務でしたし、わたしの通ったのは慶応という世間的にはいわばお坊ちゃん学

校でした。しかし家は公務員宿舎でしたし、わたしはいわゆるシティ・ボーイ風には育てられませんでした。父はユーモア精神に富んだ洒脱な人でしたが、薩摩っぽのところもあり、男子たるもの食べ物や着るものにつべこべ言うなんてけしからぬという雰囲気でした。こうした影響を受けて服装などにまったく関心がなかったわたしは、入省後、上司の局長と外国出張した際に、

「君、もう少し身だしなみに気をつかったほうがいいよ」

と人前で言われて赤面したことがあります。

わたしが入省したのは1969年、東京オリンピックの5年後ですからまだ日本と欧米の間には生活水準に格差がありました。外務省では入る時、研修語学を言いわたされます。かつてはその研修先の影響を大きく受けた外交官がたくさんいました。フランスに行ったものはフランス文化信奉者、英国に行ったものは英国びいき、アメリカで勉強したものはアメリカかぶれの人が多かったようです。フランスに留学すると「ボルドーは何年がいい」と通ぶったり、アメリカに行くとやたらにTシャツやジーンズに身を固めたりしていたものです。

わたしは子供の頃、いわばナマで外国人の子供の、異質な外国人に対する対応を体験しています。差別もしっています。だから、

「よくもまあそんなに素直によその国にどっぷり漬かれるものだ」と思っていました。2年ぐらいしか日本に住んでいない外国人が、「酒は灘に限りますね」とか、「やはりウナギは天然でないといけませんね」と言うと何かおかしくありませんか。腹の底では苦笑するでしょう。外国の人だって表面上はともかく、ウラでは舌を出しているかもしれないのに……と外国通をふり回す人たちのことをお節介にも内心恥ずかしがっていました。この外国との一種の距離感はその後40年外交官をやっても変わりません。

わたしは米国は、移民国家として人種を越えた国家づくりという壮大な試みに敢然と挑戦し、多大な困難に直面しつつ、乗り越えようと苦しんでいること自体に敬意を持っています。アメリカの人種差別について「一度も経験したり感じたりしたことはない」と言う人に、わたしは「ほー、良かったですね」と感心した風を装いつつも、内心ではよほど幸運か、鈍感か、行動範囲がせまいか、そのどれかだろうと思っています。

今でも憶えているシーンがあります。ノーマン・ミネタ元下院議員が1990年代後半に日本大使公邸でのスピーチで、

「わたしはいまだに『英語がお上手ですね』といわれます。いったい何世代たてばそういうことを言われなくなるのでしょう」

と述べたときです。後に商務長官、運輸長官も務められた方で故ダニエル・イノウエ上院議員とならぶ日系米国人の巨人です。いまだに日系人がアメリカで外国人扱いされていると率直に嘆いた発言でした。すぐ違和感なく米国社会に受けいれられたと言う人はこれをどう聞くのか、と思ったものです。

日本も豊かになり、今の外交官や商社員など海外駐在する若い人には、外国かぶれの風潮が見られなくなりました。本当にいいことだと思っています。

37. もうひとつのクール・ジャパン
――オトナの国へ

クール・ジャパン――カッコいい日本という意味です。もともとはクール・ブリタニアという英国の宣伝があったようなのでオリジナルではないようです。わたしは、日本はこれから別な意味のクール・ジャパンをめざすべきではないかと思っています。もう少し大人らしい醒めた振る舞いをする国という意味です。反発される向きもあると思いますが、あえて書きます。3点述べます。

振れ幅が大き過ぎる

一点目は振れ幅が大き過ぎることです。

80年代に日本の経済人はもう欧米に学ぶことはないという姿勢でした。日本型ビジネスモデルを喧伝し、外国人をへきえきさせていました。

こんなジョークまでありました。教誨師が日本人と米国人の死刑囚に最後の願いを聞きます。日本人死刑囚が「最後にもう一回日本式経営について講義させてくれ」という願いを言うと、米国人死刑囚が「自分の最後の願いはその講義の前に処刑してもらうことだ」と言ったというものでした。

ところが今や米中に大きく置いていかれ、半導体は台湾企業の進出に頼らざるを得ず、高等教育はシンガポールに遅れをとりました。そこで出てくるべき発想は、よし力をあわせて日本をあらためて強くしていこうという方向であるべきでしょう。しかし実際起きているのはその逆です。自信を失ってしまい、大学はできればアメリカに行かせよう、経営者は外国人を招こうという議論です。

隣国との関係も相手の出方による面が大きいとはいえ、国民心理が「一衣帯水」からヘイトスピーチの氾濫へとブレるのもどうかと思います。引っ越しできないお隣さんなのですから、時にぶつかっても、ふだんはできるだけ淡々とおつきあいするようにすべきです。

もっとバラバラでいい

二点目は国民がみな同じ方向に走り過ぎることです。

ＮＨＫの大河ドラマにとりあげられた人物が、毎年突然、「国民が尊敬する人物」の上位に躍りでます。豊臣秀長、黒田官兵衛や直江兼続がそうでしたし、最近では渋沢栄一がそうでしょう。サラリーマンの理想の上司のランクにその年のプロ野球の優勝チームの監督やお笑い芸人などと並んで天海祐希さんや堺雅人さんなどといった俳優が入るのも彼らが演じた役が影響しています。小学生でもあるまいし現実とドラマを混同するのですかと言いたくなります。

みなが米メジャーリーグ野球やバスケットの日本人選手の活躍に一喜一憂するのもまるでオラが村の誇りのようです。ゲームにはまる、韓流ドラマにはまるなどみながいっせいに騒ぐのも子供っぽいと思います。

これだけ国民が多いのだから、そんなことには関心ないよ、と言う人もいるような、もっとバラバラ社会でいいと思います。それこそダイバーシティ（多様性）重視社会であり、イジメの少ない自由な社会につながると思います。

外国の目を気にし過ぎ

三点目は権威への過剰な敬意と外国人を意識しすぎることです。米国人のような国連軽視も問題ですが、日本では国連など国際機関や外国有名大学の教授などに傾聴しすぎです。彼らは自らの立場でいろいろ意見を言うのであり、われわれは自分の尺度で取捨選択すべきです。権威の発言だからとすぐ尊重する必要はありません。

あるとき、かつてテレビによく出ていたフランス人の女性タレントの方に、「もう少しはっきり『日本の街は一部を除き調和がない、もっと美観を追求すべきだ』と言っていただいていいのに」

と言ったことがあります。

「フジサキさんそれムリムリ。前にテレビで一度日本の街並みキレイじゃない、と言ったら大変。ワタシ、大バッシング。日本人は外国人にほめられるのが大好きだから外国人はみな気を付けておヤクソクを守って言っているのよ」

というのが返事でした。日本のここがすごい、などという番組は外国人タレントなどにお世辞を強要しているわけで恥ずかしいと思います。外国人でもご商売でやっている方もいるのでしょうが。

大人っぽい社会とは、振れ幅が小さく、国民の関心が多様で、あまり他者による権威づけなどに汲々としない社会だと思います。淡々とわが道を行く国です。それこそが本当のクール・ジャパンです。

こういう醒めた日本をめざそうではありませんか。

38. 国際交渉の進め方 ——ワンボイスで

外交官として国際的な交渉にはずいぶん参画しました。米国との沖縄基地をはじめとする安全保障関係の交渉、アジア諸国との自由貿易地域（FTA）交渉、WTOでの交渉などが主なものでした。これらを通じて参考になるかもしれないことをまとめてみます。

ワンボイス

交渉で第一に大事なことはチャネルを多岐にせず絞ることです。

自由貿易地域交渉の全体会議では、発言は首席代表のわたし一人がすることにしました。各省からの代表も英語はできたのでそれまでは各省代表がそれぞれ発言していたので

すが、なにか発言することがあればわたしにメモを入れてもらい、わたしから発言することにしました。時には、

「技術的なことなので直接言っていいですか」

と言われたこともありますが、例外は認めませんでした。

これはなにもわたしが目立ちたかったわけではなく一人で発言することで日本の立場を整合的に説明でき、先方に日本チーム内のニュアンスの差を突かれないようにするためでした。日本としてワンボイスにするために自分がどこまで言って大丈夫かをしっかり固めました。外務、財務、農水、経産、厚労などの各省から来ている代表団のメンバーと交渉の前も交渉中も何度も打ち合わせを行いました。交渉当日も休み時間には各省代表に集まってもらいわたしの発言について詳細を詰めました。かつては外務省とこれらの官庁は情報や発言機会などで争っていた時期がありますが、FTA交渉を通じて日本国内で争っているときではないという認識が高まったと思います。このようにまず自陣営内で信頼関係を築いたうえで相手と交渉を行うのです。自分の発言について国内から批判が出たり、後ろから鉄砲を撃たれたりしては、相手側も、

「この人と交渉して大丈夫かな」

などと不安に思うでしょう。

この交渉団一体ということでは思い出があります。ある国とのＦＴＡ交渉について、その国のリゾート地での全体会合初日の席で先方代表が、

「自分は首相に直結している真の全権代表だが、日本は各省がバラバラで代表は全権をもっていないと思われるのでこの交渉はまとめにくいだろう」

と述べたことがあります。わたしは日本の代表団を侮辱するようなコシャクな発言は聞き捨てならぬ、尻のまくり時だと思いました。そこで、

「貴国が今のような認識ではこれから我々は交渉しても意味がない、撤回願いたい」

と述べました。しかし相手は撤回すると言いません。そこで各省出張者の代表を集め、まだ初日だが交渉を打ち切って日本に帰ろう、と言ったところ、誰一人異論なくみなで帰ることになりました。この団結には心からありがたいと思いました。そして相手からアプローチがあるまでこちらからは一切連絡しませんでした。このことはどのメディアでも一切報じられませんでした。

言うことを変えてはいけない

交渉のポイントの第二は相手の代表団のトップと信頼関係を築くことです。そのため会合の前に1対1で食事し、途中で時々二人だけで相談しました。これは双方が落としどこ

ろを探り合うのに役立ちました。ただこれはリスキーな面もあるので相手にもよるでしょう。代表同士の話し合いで有名なのは、米ソＩＮＦ交渉のときのポール・ニッツェ米国代表とソ連のクビツィンスキー代表の二人だけでのジュネーブでの「森の散歩」です。何時間も二人だけで歩き回り、落としどころを探り合うことで、信頼関係をつくりました。

交渉のポイント、第三は言うことを変えないことです。言うことがコロコロ変われば、当然ながら相手の信頼は得られません。ただし、自分の主張に固執するのではなく、相手の言うことをよく聞きながら妥協案を探るのです。

フィリピンとのＦＴＡ交渉の大筋合意のとき、最後は日本側は農水の物資は農水審議官とわたし、工業製品の場合は経済産業審議官とわたしという形に絞って一品目ずつ詰めました。なんとかこちらも日本の中を説得しようとしているとわかると相手国側も同じ舟に乗った気で妥結に向けて努めてくれました。飛行場の飛行機会社の方々と電話連絡しながらギリギリの時間まで詰めて、やっとまとめたこともあります。

タイとのＦＴＡ交渉の関連で想い出があります。バンコックですこし時間があまったら先方の外務省が、

「どこか行きたいところがありませんか。ご案内しますよ」

と言ってくれました。骨董街を散歩したいといったらタイ外務省の若い人が3人ついてきてくれました。小さな安物の店をひやかしてまわろうと思ったのですが、大きな立派な店に案内されてしまいました。

スコタイ（13世紀のタイ北部の王朝）期のもののような小さな騎上の人物の置物がありました。「だいたい、バンコックの骨董店では値段は付け値の5分の1くらいから打ち出して、最後は3分の1にするんだよ」と言われていました。しかし大きな店ですし、あまり低く打ち出すとついてきている先方外務省の若手たちに、

「あの日本の代表、えげつない交渉しますよ」

と報告されてしまうと思い、とりあえず半値と言ってみました。すると店の人はただちに「結構ですよ」と言うのです。まいったと思いました。ここで言い値を引っ込めるとじっと見守っている相手政府の若手たちに、

「いったん自分から言い出して引っ込めるんですよ、言うことに信用がおけませんね」

と言われてしまうと思い、泣く泣く買いました。今でもときどき引き出しの底からひょっこり出てきます。

国際的な場合でも国内の交渉でももちろんやりにくい相手、やりやすい相手はいます。難しい問題についてすぐに「まったく応じられない」と高飛車に蹴っ飛ばしてくる相手は困ります。「箸にも棒にもかかりませんでした」と報告せざるを得ず、すると本部では、「お前の説明が悪かったんじゃないか」ということになるからです。

最初から無理筋とはわかっていても「前向きな返事は困難と思うが考えさせてくれ」といったん相手国側が引き取ってくれ、数日後に「いろいろ検討してみたが、どうしても無理だった」と言ってきてくれるとこちらも顔が立ちます。相手側が無理を言ってきた時も同じような対応をしようかという気になります。これはテクニックというより性格、パーソナリティの問題かもしれません。

39. インナー・サークル入りの必要性 ——決まるのは舞台裏

通貨マフィアの回想

国際会議で大事なことは、用意したスピーチを上手に読み上げることではありません。会議を自国に有利に運ぶためにどういう根回しをするか、そして主要な意思決定のインナー・サークルの仲間に入れるかです。

日本の最初の通貨マフィアと言われた柏木雄介元大蔵省顧問が日本経済新聞の「私の履歴書」に財務官になる前のことを書いています。ちょっと引いてみます。

「さてこの会議（10ヵ国蔵相代理会議）の前日、開催地米国のデミング財務次官から思いがけず、『今夜の食事は空いてる？』との電話をもらった。小人数で集まるから、来ないかというお誘いである。

OKの返事をして指定された場所に出向いてみると、これが驚いたことに、明日の会議で顔を合わせるはずの主要国のメンバーが、勢ぞろいしているのである。一国一人プラス、国際機関の長が一、二人。

そして、ディナーパーティーとは名ばかり、食事はそっちのけで、『明日の会議はどう進めようか』と、ざっくばらんに話し合いを始めるのである。『午前中はまずこの問題をやるとして、そうだなキミから問題提起をしてくれ。あなたが反論を述べたら、ボクがそれを引き取るから……』。議長たるエミンガー西ドイツ連銀理事（のち総裁）は実にあけすけに、会議の段取りを決めていく。

会議の前夜にディナーがあるなど知らなかったし、呼ばれもしなかった。これが会議の内幕というものなのだろう。『通貨マフィア』という抽象的な存在が、具体的な顔と手足

を持った人間として、目の前に迫ってきていた」（１９８６年9月26日付日本経済新聞朝刊より）

このように意思決定のインナー・サークルの中に入れるかが鍵を握ります。じつはこの柏木雄介はわたしの岳父で、外務省には内緒で動くことが多かったので、外務省内での評判はよくありませんでした。わたしが結婚したのは、彼の退官後でしたが、上司に「へー君はあの柏木の娘と結婚するのか」と言われた記憶があります。

米トランプ政権は気に入らないと気候変動に関するパリ協定でもＷＨＯでも国連人権理事会でも飛び出してしまいました。バイデン政権はすぐ戻りました。でもこれは米国だけができるワガママです。日本が戦前国際連盟を飛び出して坂道を転げ落ちたようにやはり常に参加していなければいけないのです。日本のいない場で日本に有利な決定がされるはずがありません。

非公式会合への仲間入りを狙う

わたしは外務審議官を終えて２００５年春に在ジュネーブ国際機関に対する代表部大使になりました。就任早々直面したのはＷＴＯの主要国入りの問題でした。ＷＴＯでは投票はありません。百数十ある加盟国の全会一致で物事を決定していました。それを可能にするために主要国の非公式会合が鍵でした。準公式なものはグリーンルーム会合と言って事務局長と25ヵ国くらいのものでした。これでも多すぎるのでより人数を絞った非公式会合で大きな方向付けをしていました。

難関だったのはこの数ヵ国に絞った主要国入りでした。ウルグアイラウンドが決着した1990年代半ばには4極会合と言って日米EUカナダがそのメンバーでしたが、10年後にはこれは変わっていました。2004年7月に米EUブラジル、インド、豪のFIPs(Five Interested Parties)という会合ができました。農業の交渉が重要ということで農産物の輸出先進国の米、輸入先進国EUと輸出途上国ブラジル、輸入途上国インドでちょうどバランスがとれるということで、豪は途中で外され4ヵ国閣僚会合になりました。

わたしの前任の大島正太郎大使は、同僚大使、事務局の信頼が厚く、各委員会のトップになる一般理事会の議長に選出されていました。そこは多くの情報が入る立場でした。そのため日本の代表部も政府全体としても4ヵ国閣僚会合のような主要国会合に入っていない痛痒をあまり感じていませんでした。新参者のわたしの場合はまったく違います。そこでこのインナー・サークルのメンバーになることを課題としました。

「日本のいないところで日本に有利な決定が行われるはずがない。だからわれわれは、まずそこにいなくてはいけない」

という考えでした。主要国会合から外されていてはいけないという意識は日本では故中川昭一経済産業大臣がまったく同じ考えで、「入れてくれ」といろいろな閣僚会議の機会に行われる二国間会談のたびに主要国に働きかけました。しかし、どの国も聞き置くという反応しかありませんでした。ついに2005年11月にロンドンではじめて日本が特別ゲストとして4ヵ国閣僚会合に招かれました

特別ゲストでなくレギュラーメンバーになるべく、中川大臣の判断で最後は首脳レベルにあげることにし日米首脳会談に持ち込み、小泉総理にブッシュ大統領の了解をとってもらいました。このときはあえて米側には首脳間でこれをとりあげることは事前に知らせなかったようで、ブッシュ大統領は初耳だったと思いますが、その場で「結構だ」と言ってくれました。両首脳の信頼関係の強さを感じました。中川大臣から「この結果は米国から各国に通報してもらうことにしようか」と相談があったので、

「いや米国にまかせてはダメです。ほかの国がちょっとでも消極的だと米国はそれを奇貨として働きかけをやめてしまうでしょう。ここは中川大臣から各国閣僚に『ブッシュ大統領も同意してくれた』と言って個別に通報していただく必要があります」

と進言し、大臣はEU、ブラジル、インドの各閣僚に一人ずつ電話してくれました。

その結果、日本と豪州が入った6ヵ国閣僚会合ができました。二階経済産業大臣と、農林水産大臣に転じた中川大臣は厳しい日程をやりくりして数ヵ月ごとに開かれるすべての

会合に出席していました。ところが2006年暮れの6ヵ国閣僚会合で進捗がなかったあと、2007年初頭のダボス会議を契機に4ヵ国閣僚会合がまた復活します。農業交渉に慎重なインドと日本が手を組むことをほかのメンバーが警戒したと思われます。

日本が入っていないときは何が議論されているか知っておく必要があるのでしかたなくロンドンやパリで開かれる4ヵ国閣僚会合や高級事務レベル協議のときにわたしと各省の担当幹部が出かけて行って会議の前後に4ヵ国の知り合いに情報収集しました。日本のような貿易大国の代表が会議に入れず、場外で会議の内容を聞きまわるのはみじめなものでしたがやむを得ませんでした。

結局インドの抵抗などもあり2007年7月ポツダムでの会議で、4ヵ国閣僚会合は決裂し、終焉しました。決裂したときはつとめて心配そうな顔をしながら日本がいないところで何も決まらなかったことに心底ホッとしたものです。

仲間外れにされない工夫

この後、交渉がジュネーブの大使のレベルに戻ることになりました。ここで、

「ちょっと待てよ、今度外されないためには言い出しっぺになることだ」

と思いつきました。ジュネーブ大使の中に主要国グループをつくってしまえばいいと思

ったのです。中学生がクラスで外されないように自分でグループづくりをするようなものです。夏休み明けに米国、EU、ASEAN議長国、中国、インド、ブラジル、後発途上国代表など10ヵ国の大使に直接一人ずつ同意を求めました。グループの名前をつけないこと、参加国以外には会議について一切言わないこと、大使のみで代理は認めないこと、朝食会とし毎週開くこと、会合場所および議長は持ち回りとすることなどのいわば規則を発案者のわたしがつくりました。名前をつけてしまうとメディアで報じられ、「入れてくれ」などという要求が出てくるからです。EU大使が「第1回を主催したい」と言ってきたので同意すると、間髪入れずに、

「うちのコックはクロワッサンづくりが上手いのでみな喜ぶと思う。第2回からもずっとウチでやらないか」

と言い出したのでただちにダメだと言いました。油断もスキもならないのです。第2回は日本の代表部の会議室を食堂に模様替えして行い、その後は各国が順に持ち回りしました。このグループはわたしの離任前の6ヵ月間で24回開きましたが後も続いたようです。

一緒に働いていた仲間が当時のわたしの印象を、「常に最悪の事態を想定して最大限の努力を惜しまない、スピーチは短くユーモアがある、日本外しには断固として戦う」と書いてくれたことがあります。省の壁を越えて皆で日本外しに対抗していた日々を思いだしました。

「日本の姿」ははっきりと見えている

ワシントンではどうだったでしょうか。

よく韓国や中国や台湾のアメリカでの対議会工作はすごいが、日本の姿は見えない、という議論を聞きます。そんなことはありません。ワシントンには150ヵ国以上の国の大使がいますが、いろいろな社交などの場にいつでも招かれているのはせいぜい10ヵ国くらいでアジアからは日本だけのことが多かったと思います。従ってジュネーブとは違って日本の地位はずっと安定的に高いものでした。これは日本の国力と長年の努力のおかげでしょう。しかし「日本の姿が見えない」と書くと日本人が関心を持ってくれると期待して論文や本を書く米国人学者などがいます。これを日本の国会議員が提起すると、役所の側も人員予算の増加を期待するせいか、「ご心配には及びません」とは言わないため、ますます誤った認識が定着してしまう傾向があるように思いました。

以上国際社会でのインナー・サークル入りの話をしました。しかしこれはビジネスでも学界でも同じでしょう。とにかく「その場にいなければはじまらない」と認識すべきです。自分がいないところで、自分に有利な決定が行われ、棚からボタ餅が落ちてくるようなことはまずないのです。

40・会議での発言 ——引用されてナンボ

国際会議では、まず日本政府の関係省庁が合議して対処方針をつくることが多いです。対処方針が来ると代表部の担当の参事官か書記官が英訳してわたしの発言テキストとして提出してくれました。大体は対処方針の丁寧な訳文になっています。そこからがわたしの出番でした。対処方針の意向を曲げないように、しかし各国によく伝わるように書き直すのです。そしてわたしの書いたものは部下にまた回覧してコメントを求めました。

やさしい英語で簡単に

以下当時わたしが書いた「国際会議での発言の仕方」をご紹介します。

「長くしゃべる人は敬遠されます。そこで聞かせのこつが必要になります。第一はまず3点言いたいと切り出す手法です。もちろん若干平凡、平板にはなりますがそれなりの効果はあります。ハーバード大学の政治学の泰斗スタンレー・ホフマン教授は、『物事は3点に整理しろ。2点だと単純に思われる。4点だと頭の整理ができていないと思われる』と言っていたようです。

第二は挨拶と事実関係の説明を思い切って省き、考え方や意見だけを述べるのです。

第三は、文章を短くすることです。たとえば次の和文があるとします。

『この大方により支持されている計画は、その多大なる重要性に鑑み、一層の推進がはかられるべきであり、我々としても右に貢献すべく、最大限の努力を行う方向で引き続き前向きに検討する用意があるとここに申し述べたいと思います』

これを直訳すれば以下のようになります。受験ではこうすることが求められているでしょう。

"We would like to state that, in view of its great importance, this project, which is widely supported by many countries, should be promoted and we, on our part, are ready to continue to give positive consideration towards making our utmost efforts in order to contribute to this objective."

これをわかりやすく訳してみましょう。

"This widely supported project is of great importance.
It should be further promoted.
We will give positive consideration to making utmost efforts to contribute."
これなら一読してわかるでしょう。簡単に書く訓練をするのです」

国際的なセミナーでも短く、そしてポイントになる部分だけを言うことを心がけます。ありきたりのこと、誰でも知っている事実関係を全部カットするのです。セミナーでの発言について岡崎久彦さんのあと情報調査局長になった渡邊幸治氏（後の駐露大使）からコツを教わりました。テーマに即して何か自分なりのキーワードを考えろ、それを2〜3回繰り返し印象づけるということでした。福田赳夫元総理の「昭和元禄」、「狂乱物価」のような決めゼリフを見つけるのは容易ではありませんが、これを探そうという意識自体が物事をクリアに把握するのに役立ちました。わたしがつくった言葉でメディアで引用されたのはたいしたものではありませんが、

「G7サミットは民主主義と市場経済という体の『人間ドック』で毎年どこか欠陥が生じていないかチェックする。だから毎年似たような項目が並ぶのは当たり前だ」

「米大統領選挙は他国にとって『クリスマスプレゼント』だ。何がいいとか前に言っては

ダメで結果がでたら『ちょうどこれが欲しかった』と言えばいい」

「日本の長所はアカセキレイ（安全、確実、清潔、規律、礼節）」

というようなものでした。

意見は早めに主張する

ある時、東京で国際社会で活躍するビジネスマンのためのパネルに出席しました。パネリストは日本人と米国人でした。司会者から米国の会議での発言をどうしたらいいかと聞かれました。日本人のパネリストの中には、まず集中して聞き、最後にこういう意見があったが他方こういう意見もあったと客観的に報告する役もあり得る、と発言する人もいました。わたしは、違う考えだったので、

「会議では自信がなくとも早めに自分の意見をはっきり述べるべきです。その結果、あなたの立場に賛成だ、あなたの意見の論理に反対だと思うなどという人が出ればあなたの名は記憶されます。また議論、意思決定への貢献がはっきりします。そのうえ会議のコーヒー休みや食事のときも声をかけられるようになります」

と続けました。米国人パネリストも同様に米国では意見をはっきり言ったほうがいいと述べました。国際会議やセミナーではやはり勇気をふるって早めに発言して流れに一石を

投じることが大事なのです。

41・会議のしきり方――ノー・シナリオがベスト・シナリオ

ピンチヒッター

議長など進行役を引き受けたら、単に事務局用意のト書きを読むだけでなくこの会議をどういう方向に持っていきたいかよく考えるべきだと思います。

会議の議長役は外務審議官やジュネーブ大使のとき多くやりました。皮切りは外務審議官になりたてのとき京都の国際会議場で行われた「世界水フォーラム」の閣僚級国際会議でした。このときは川口順子外務大臣が議長役を務めるはずでしたが、国会日程で行けなくなりました。会議を裏で仕切っていた橋本龍太郎元総理大臣から、

「もし大臣が出られないのであれば、国際会議を回すのに慣れているはずだから外務審議官を出すように」

という要請が大臣にあり、急遽二日目の議長役に出張したのです。外務審議官は英語ではDeputy Minister（大臣代理）という肩書ですから閣僚会議の議長でも一応形はつくので

す。しかし、急な話ですから会議場に行くまで中身のブリーフも受けていませんでしたし、じつは国際会議の議長役も慣れているどころか初めてでした。

着いたのは初日で各国がスピーチしていました。二日目に宣言案を採択することになっていました。が、ふたを開けると日本の事務局が用意した宣言案にいろいろなコメントが百出します。川の上流国と下流国では当然水利について利益がまったく違います。水というのは他の環境問題同様に極めて政治的な問題なのです。宣言案に合意できないと失敗ということになります。終わりの時間が迫ってきます。

「京都水閣僚会議宣言案採択に失敗、日本の議長代行の采配に不満続出」

などという見出しが頭に浮かびます。ギリギリの段階で議長席に座りながら、ふと思いついて、

「原案に意見のある国は1週間以内にペーパーで意見書を提示してください。これを宣言案と不可分の一体として扱うということでよろしいでしょうか」

と述べました。するとほかにまとめようがないとみんなが思ったのでしょう。拍手が始まり場内に広がりました。そこですかさず槌で机を打ち、採択と閉会を宣しました。橋本元総理からは、

「よかった。だから外務審議官を指名したんだ」

と言われましたが、たまたまうまくいっただけで薄氷を踏む思いでした。会場にいた外務省の先輩の西村六善大使（元メキシコ大使）から、

「君が困っているのが見て取れたので、じつは僕が手を叩き始めたんだよ」

と言われました。先輩の助け舟のおかげで窮地を脱したのでした。

会議の合理化

ジュネーブでわたしが議長役をやったのはＵＮＨＣＲ（国連難民高等弁務官事務所）の執行委員会でした。執行委員会というのはいわば会社の取締役会です。はじめの１年は副議長をやり、それから議長を１年務めました。


議長になるとき、「これから議長のやり方を変えます」と事務局の担当者を呼んで言い渡しました。長年議長担当をしていた総務局の古株の責任者は、

「勘違いしておられるようだが、この会議の議長役は実質的なものではなく、事務局の振り付けどおり、いわばト書きを読んでもらえばいいので、あまり張り切っていただかなくて結構ですよ」

と言ってきました。まるで日本の役所の審議会の担当者のようなことを言うものだと思いました。そこで待ってました、と、

「これまでの慣行は承知していますが、選出された議長が議事運営について責任を持つべきでしょう。わたしが選出されれば、わたしのやり方で行います。協力していただけないということですか」

と啖呵をきりました。

「もちろん議長次第です。全面協力します」

が答えでした。説明では従来行われているような一般的な状況説明はすべて省き、

——今問題なのは何か、

——それについて事務局としてどうすればよいと考えるか、

——各国に何を期待するか、

の3点だけに絞ってパワーポイントを使って話すように要請しました。そして各会議の前に、わたしに対し事務局の各部局の長から実際の会議でどういう報告を行うか予行演習してもらいました。説明時間は大幅に短くなりました。

各国の発言時間はあらかじめ伝えたうえで、小国も大国も厳密に同じ時間としました。たとえばアメリカなど大国の本国から高官が来ていても時間になれば発言を打ち切ってもらいました。これはかなり多くの人を驚かせたようです。文句を言ってきた国もありましたが、時間は事前に知らせたはずであると言って取り合いませんでした。

また会議の間はわたし自身メモをとっていたのでそれに基づき一つの議題がおわるたびに議長としてのサマリーを読み上げ、何が合意されたかなどをはっきりさせました。このように議長役を単なるお飾りでなく実質的な役割に変えました。初めは戸惑っていた事務局の人達もむしろ議長がその場で仕切ってくれれば会議の結論がはっきりすると理解してくれるようになりました。

最近UNHCRの日本事務所代表の方に聞いたら今でも議長に各局が事前にブリーフに行くことは慣行になっていると言っていました。このとき親しくなった難民高等弁務官が現国連事務総長のアントニオ・グテーレス氏です。彼はUNHCRの事務局の身を切る改革をはじめて断行した人であり、わたしは全面的に支持しました。事務総長選の最終段階でわたしの携帯に電話をしてきて「あのときの改革のおかげで当選できそうだ」と言ってきて互いに喜びました。

会議を「カブキ」にしてはいけない

この議長がト書きを読むのでなく進行を仕切るという方法は、帰国後もNHKの国際放送番組審議会委員長や文部科学省の国際宇宙ステーション・国際宇宙探査小委員会の主査などをつとめた際に活用しました。多くの会合ではこれまで事務方がすでに配付されてい

る資料を長々と読み上げて大半の時間を使い、あまり委員とのやり取りがない場合が多かったようです。そこで、

——事務方の説明ポイントを絞ること、

——すべての委員に発言機会を与えること、

——その間事務方にはメモをとってもらい、質問されたすべての点について答えてもらうこと、

この3つのルールを定めることにしました。ただ一問一答形式だと時間をとりすぎるので6名ほどの委員が発言すると回答、そして次の6名が質問という形にしました。いまだに「委員へのご説明」と「委員のご意見を拝聴」するに留め、いちいち回答しない慣習の会合も多く、全ての委員に発言してもらい、事務局にその場で応答してもらうのは新鮮だったようです。これにより事務方の作業量は増えますが、一流の専門家が集まる場にふさわしい濃い議論ができるようになりました。

多くの会社の取締役会や官庁の審議会が先に結論ありきで、欧米でいわれる「カブキ」、つまり、筋書き通りなのは、時間の無駄で残念だと思います。取締役会に外国人を入れないと変わらないというのはおかしな話です。特に優秀な若い人が旧態依然のこうした会議に疑問を抱かず、順応してしまうのは不思議だと思います。

42. スピーチ ——書いて捨てるもの

駆け出し時代

「スピーチをするのは苦手だ」という人のうち、じつは照れでしり込みや遠慮している人もいるのではないかと思います。カラオケでも初めは遠慮しているのに、マイクをにぎると放さない人が多いのと同じでしょう。

若いうちは、自分のスピーチでなく、もっぱら、上司のための草案づくりをしました。初めてスピーチ案を書いたのは留学が終わってガット担当のときです。東京閣僚会議の総理演説を上席の担当者が、そして大臣演説をわたしが書くようにという指示を受けました。何を書くべきかわからないまま書いて個人的に友人だった、外務省にいた翻訳担当の英国人に見てもらったうえで筆頭補佐に相談すると「まぁ、こんなものかな」ということでした。

ところが会議直前、総理通訳なども経験して英語使いでならした課長が、わたしの案を見て、ボツにしました。そして件の英国人を呼びだすように命じ、自分の机の前に彼を座らせて、自ら初めから終わりまで一言一句口述して書き取らせました。担当者として先に帰るわけにもいかず、暑い夏の日、冷房も切れた部屋で夜更けまで二人の仕事ぶりを手持ち無沙汰にぼんやり見ていざるを得ませんでした。忘れてしまいたかったのか、すっかり記憶の底に埋没していました。最近人から「あのとき見ていましたよ」と言われ、そんなことがあったなと思いだしました。

手痛いデビューでした。何を書くべきか指示がなく、自分でも明確な構想がないままにただ前例など見ながらもっともらしい字句を連ねた結果でした。この課長は怖いので有名な人で、ふだん机で英語の本を読みふけっているので相談に行きづらく、筆頭補佐も了解したし、まあなんとかなるかなと高をくくっていた失敗でした。あとから考えると筆頭補佐は「どうせ課長は我が強い人だからなまじコメントしてひっくり返されても格好がつかなくなるので何も言うまい」と考えていたのでしょう。やはりわたし自身がこの会議で何を日本として達成したいか、入れるべきメッセージを責任者の課長にまず確認すべきだったのです。その後たくさん総理や大臣のスピーチには携わりましたが、この「何を言いたいか、何を言うべきか」の確認は最初にするようになり、以後は、書き直しを命じられることはありませんでした。

駐米大使時代

外務審議官や大使になってからはしょっちゅうスピーチをしていました。ジュネーブ大使としてのスピーチと、駐米大使としてのスピーチはまったく違います（ジュネーブ時代のことは第40項「会議での発言――引用されてナンボ」のところで書きました）。

駐米大使としてのスピーチはジュネーブ大使のときのように会議場でたくさんの大使の中で簡潔に発言するのでなく、自分一人が招かれて壇上で話します。ワシントンやほかの町のロータリー、ジャパン・ソサエティーなどの親睦団体や大学などで主に日本や日米関係などについて話すのです。相手や場所により経済だったり安全保障だったりエネルギーだったり環境問題だったりと、テーマはもちろん違います。

在米大使館は長年の間、ある著名な米国人スピーチライターと契約し、大使の意向を直接聞いた上で彼が書いていました。わたしが１９９０年代に公使をしていた頃から同じ人でした。この人は米国の政治家のスピーチも書いていました。大使に着任後すぐ、彼の直近の作品のいくつかに目を通しましたが、どうも自分の感性にはピンと来ないなと思いました。わたしが大使でいる間は契約を停止することで合意しました。また後任者が希望すれば復活できるようにしたのです。

大使館内では、スピーチ書きの仕事が館員に降りてくるのではないかと心配があったようです。わたしは、「そういうことではない、みなに手伝ってもらうが自分で書く」と安心させました。ジュネーブでも書きなれていたし、自分で書いて話すのが好きだったのです。次のような段取りとしました。

――まず大使館担当者が講演依頼者と話して先方の希望のテーマを聞きます。

――つぎにそのテーマに関連する大使館の複数のスタッフを大使室に集めました。そして構想の大筋を示して一人一人にこのラインに従いできるだけ新しい情報を入れ、英文で半ページから1ページずつ担当部分につき書くよう指示しました。いわばパートづくりです。英文にするようにしたのはわたしが専門用語をいちいち調べなくていいようにするためです。期日を決めて提出してもらいました。

――その後、夜半や週末などに時間をかけてその各パーツを参考にしながら、自分の言葉、スタイルでパソコンに打ち込みました。問題に関する基本的考え方、比喩、今後のあるべき進め方などは自分で書くことにしていました。いわば叩き台の作成です。

――その上で最初にパーツを書いてくれた関係者にわたしの案文を配付しコメントを求めました。集まったコメントを入れて自分で改訂版をつくり関係者に再配付しました。時間があるときには再度大使室で会議をして確認しました。

――最後に大使館の米国人スタッフに文法、言い回しなどの間違いがないか、いわゆるネイティブ・チェックをしてもらい完成させました。場合により事後テキストを配付したり、発表したりすることもあるのでネイティブの人による最終チェックは欠かさないようにしていました。

書いてから未練なく捨てる

じつは原稿の役目はそこまででした。書いてから未練なく捨てるのが、わたしのやり方です。スピーチの主要項目と大事な数字のみを縦長の固いカードに比較的大きな太い字で書き出しました。演壇に上がるときは一生懸命作成した10ページにおよぶ原稿は持たず、この2ページぐらいのカードのみ持って上がりました。自分で書いているので項目さえ忘れなければ文章が自然と口をついて出てくるのです。もちろんカードも持たないほうがいいのですが、やってみたら1項目丸々飛ばしてしまうことがあったので、いざというとき目を落とせるよう持っていたのです。カードは枚数が増えないよう努めました。ですから聞いている人から見るとずいぶん気楽にスピーチしているように見えたことと思います。

これはわたしの専売特許のやり方だと思っていました。しかしあるとき有名シンクタンクで、メディア出身の政府高官も経験した米国人の理事長のあとスピーチしたら理事長がメモを演台に忘れており、見たらわたしのと同じように細長い紙に項目と数字などのみが並んでいて、ああみんなけっきょく同じところに行きつくのかなと思ったことがあります。もし人に書いてもらっていたら、テレプロンプターが使えなければ、わたしの記憶力では相当回数手元に目を落とし原稿を追わなければならなかったでしょう。それでは語りかける雰囲気になりません。

もっとも、わたしはじつは聴衆の目を見ながら話すのは得意ではありません。人を見ていると雑念が浮かんでしまうのです。聴衆と視線があうと、

「あっいいネクタイだな」

「あのオヤジは首を横に振っているが気に入らないのかな」

などと余計なことを考えてしまい、自分の話が続かなくなってしまいます。人を見ないで上を見たり、机を見たりすると雑念が浮かばず話しやすいのです。でもこれでは語り掛けにならずに暗誦披露になってしまいます。

駐米大使になった直後、ワシントンで米国の講演指導のプロからスピーチの仕方の講習を受けました。営業妨害になってはいけませんが、率直に言えばたいていのことは人事異動で初めてセールス担当幹部になった人向けのようなものでした。たとえば、

「説明会や講演会では何をこの場で伝えたいかを初めにしっかり意識しておき、何を聞かれても簡単に答えた上で『それはさておき』と言って自分のメッセージを伝えなさい」

というようなことでした。伝えたいメッセージをなんとか伝えるくらいは長い外交官生活でわかっているし、記者会見で率直に答えずにはぐらかしをしたら信用を失ってしまい

ます。わたしは、

「失礼ですが内容面はもう結構です。もっと服装についてとか、視線についてとかそういう周辺的なアドバイスをください」

と言いました。その結果、

「視線は相手の目を見るのが苦手なら、おでこか髪の生え際にもっていきなさい」

と言われました。これは役に立つアドバイスだと思いました。でも結局わたし自身は、できるだけ右から左へ左から右へと自分の顔を回し特定の人と目が合わないようにしながら話すことでこの問題をなんとか解決しました。スピーチは自分の考えを発信できる貴重な機会です。

わたしが舌を巻いた外務省の先輩は千葉一夫駐英大使でした。

「この週末に1時間、日英関係についてのスピーチをしなきゃならん。日本語でいいから1ページ以内に話すべき項目を数字も入れて書いてくれ」

とわたしに指示し、その項目表のみで、自分で原稿も書かず1時間くらいの英語のスピーチを当意即妙のジョークまで入れながら行うことができました。これはとうてい真似のできない技で異能の人でした。

43. スピーチはアタミで

わたしがいまスピーチを準備するとき心がけている点は3つあります。今は大使のときのように人手を使うわけにはいきません。講演主催者と相談の上、自分でまず盛り込むべき項目を決めます。

「父はブロッコリーが苦手で」

スピーチの要諦は〝アタミ〟です。

アは「新しい」です。講演なりスピーチで大事なことは、聞き手にとってなにか新しいことがあることです。新しい見方でも知らないエピソードでもいいでしょう。聴衆が家に帰ったり、ほかの人と会ったりした時、こんな話を聞いちゃったと引用できると喜ばれます。外国人も戦後復興、失われた10年、アベノミクスなどは大体知っています。

すでに知っていることをとうとうと述べられることぐらい退屈なことはありません。たとえば日本の政治経済の今や安保法制、大震災後の復興状況、外国人受け入れなどについては、あまりメディアで報道はなく、よほどの日本通以外はほとんど知りませんから、結構関心はあります。

わたしは学生に、たとえばコロナについてスピーチするとしたら、武漢で発生した、世界中に蔓延した、ワクチンができた、デルタ変異株についでオミクロン株が問題になっている、緊急事態宣言、まん延防止措置が出ているが強制力はない云々という一般論からスタートしないほうがいいと言っています。みなそういう事実は知っているからです。

たとえば「わたしは怒っています。わたしの大好きな近所のレストランは、若夫婦が一生懸命投資して完璧に感染防止対策をしましたが、規制は一律のため、まったく投資が回収できず困っています。もう閉めなければならないかもしれないと言っていました。もうすこしキメ細かい対策ができないのでしょうか」といった具合に、自分にひきつけたパンチのある書き出しを考えてごらんなさい、もちろん事実に即さないといけませんが——とアドバイスしています。

タは「楽しい」です。スピーチはもちろん時と場合によりますができれば楽しくやってください。アメリカ人のジョーク好きは特別です。アルファルファクラブ、グリッドアイアン・クラブ、ホワイトハウス記者会などワシントンでも毎年、政治ジョークで初めから終わりまで通す公式晩餐会をやるグループがあります。ほとんどの歴代大統領も自らをネタにしたりされたりして参加していました。わたしも招かれて時々参加していましたが、ヨーロッパの大使たちは自分の国ではありえないと言っていました。ブッシュ41代大統領の葬儀で令息の43代大統領が挨拶した時、「父はブロッコリーが苦手で」とか言って笑いを誘っていたのには、こんな場でもやるのかと驚きました。ジョークを入れたり失敗談を入れたりして面白い話にすることは大事です。

「言うはやすくして難しい。アメリカ人などはジョークがうまいが日本人はどうもね」という声をよく聞きます。そんなことはまったくありません。日本文化には笑いはもともとあって狂言も落語も漫才もあります。自信を持っていいのです。ただ近年若い人がシニカルになってオヤジギャグ、サブい、凍る、滑ったとか言うのでスピーチでジョークを言うのはなかなか勇気がいることになってしまいました。つまらないことだと思います。

アメリカ人もけっしてジョークが得意な人ばかりではありません。すべる人もいますが、聴衆はジョークも楽しみに来ているので、すべったなどと大げさにくささないのです。これはおおらかでいいと思います。わたしは日本に帰ってから時折ほかの方がアメリカで行うスピーチを添削していました。その際、ジョークを必ず挿入していました。

ジョークのコツ

ジョークについて大事なことは既製のものは使わないことです。ロシアやユダヤ小話のような「お爺さんがロバを連れて歩いていると向こうから……」云々はぜひやめてください。ああ、どこかの小話集から探してもって来たんだなと思わせるだけです。

自分の失敗などを笑ってもらうのはいいと思います。self-depreciating joke とでもいうのでしょうか。わたしのスピーチの冒頭ジョークで受けたのは次のものです。

「外交官を引退したその日にわたしは妻に、

『さあこれからはなんでも言えるぞ』

と言いました。妻の反応は次の通りでした。

『でももう誰も気にしないわよ』」

これはわたしの創作で実際に妻が言ったわけではありません。日本語で言うとあまりピンと来ないのですが英語で、

"Now, I can say anything."

"But dear, no one cares anymore."

とやると爆笑でした。かつて一定の地位にあったものが失ってもそれを気づかず妻に指摘されるといった類のものはみんな大好きなのです。〝引退した将軍もの〟のジョークというのはいくつか聞いたことがあります。

——朝自宅から出て現役時代のように車の後ろの席に座るが、運転手はおらずいつまでも座っている。

——現役時代の秘書に言っていたように妻に「おいジョンに電話しなくっちゃ」というと、秘書のようにつないでくれずに「あらそう、じゃあかければ」と、すげなく返される。

などといったようなものがありました。

内容を忘れたら、かまわず次に進め

ミは「短い」です。とにかく短くすることが大事です。なぜか。人に飽きさせないためです。一部のラテン系の国では長くスピーチすることがいいこととされていると聞いたことがあります。ロシアや中国の指導者も長いスピーチで有名です。これは力の誇示かもしれませんが、聞かされるほうは大変です。

わたしたち外国人は特に、やさしい言葉で短く話すことを心がけるべきです。そして自分でスピーチを書いて暗記できたら読み上げではなく友人でも家族でもいいから聞いてもらい、人前で話す練習をしてくださいと言っています。その時大事なことは、途中で忘れたら思い出そうとせず次に進んでしまいなさい、誰もテキストを持って照らし合わせてみているわけじゃないから飛んでもかまわないのですとも言っています。

新しい、楽しい、短いのが成功するスピーチの鍵です。頭文字を合わせてアタミと心がけてください。

44．講演　――パワポは見やすく一見わかりにくく

講演についても一言述べます。スピーチは考え方、意思の表明であり、講演は問題についての説明です。ジュネーブでも米国でも両方やっていましたが、今はもっぱら講演になりました。

日本と米国で講演のやり方は違います。たとえば1時間の講演会だと米国では20分講演し、40分質疑応答するのが当たり前です。質疑の時間に質問するのを楽しみにみな来ています。日本では司会者から、

「55分話してください、質問はおそらくないと思います。申しわけないのでわたしが質問します」

などと言われます。わたしは米国方式のほうが活気があり、張り合いがあって好きです。ですからできるだけ質問が出やすいように話します。

パワポのつくり方——毎度編集する

講演ではパワーポイント（パワポ）を使うのが一般的になりました。わたしは聴衆に合わせて自分で作ります。そして作り方も伝授しています。わたしが若い方にアドバイスしているのは次の2点です。

第一は**パワポに書いてあることはすべて言及する**ことです。40ページの長いものを持ち込んでいるのに、5ページの次は9ページ、次は13ページなどと飛ばすなら、なぜ事前に編集して持ってこないと言いたくなります。官庁や会社のエライ人の使うパワポに長いものが多いように思います。わたしはできるだけ少なく書き、書いてあることはすべて触れるようにしたほうがいい、出来あいの報告書の全ページ使った表を掲載して、そのうち一行だけ話したりするのはうまくないですよ、と言います。びっくりしたのは、若い人が、「関連の資料も省かずにできるだけ入れておけ、あとで読んでいただくと参考になるから」と会社の上司から言われるというのです。

「とんでもない。講演会場を出てから資料を読み返す人なんていませんよ」

とわたしは言い返します。3週間前の週刊誌を読むようなものです。資料はその場限りのものです。その場で勝負しなくてはいけません。

第二はこれは本当はわたしの〝企業秘密〟なのですが、**パッと見てわかりやすい資料をつくってはダメだ**ということです。たとえば数字だけ書いてあるがなんのことかわからない、説明を聞いて「ああそういうことだったのか」と思うようにつくるのです。またいっぺんに1ページ全体を見せず、いわゆるアニメーション機能を使って次々出すようにして気持ちをひきつけるのも大事です。パワポは紙芝居のように見せるのがコツです。

なおわたしが主宰する協会やシンクタンクにゲストを招くときは、パワポはできるだけ使わないように彼らにお願いしています。すでにみんなが知っている事実関係を長く述べないよう、事前に参加者から集めた質問をベースにわたしが質問を5つほどつくり、事前に渡してそれに答える形ではじめから話してもらいます。また後半は参加者から質問をその場で募ります。これは米国で見聞きしたやり方です。普通の講演会と違って寝る人はほとんどいません。

45. 人と人のつながり

「孤高の外交官」は過去の遺物

「午後はたいがい本を読んで過ごす。(中略) 朝昼晩とも、食事のお相手は桝本卯平という若いインテリがつとめた。(中略) 晩餐を終ると、小村は書斎で本を読む。(中略) 小村のワシントンにおける生活は、こんなふうで、まったく老書生そのままであった」(島田謹二『アメリカにおける秋山真之』朝日選書)

「広田は、社交など、どの道たいしたことでないと思っている。(中略) 広田は、ハーグの公使館から近い小さな官邸に、若い書記生と住んだ。(中略) 社交界へも、よほど余儀ない場合は別として、自分では顔を出さず、吉田書記官夫妻などを代りに出したりしていた。(中略) そして暇があってトランプを手にすることがあると、ひとりで(一人トランプの) ペイシェンスをくり返した。(中略) そうした時間以外は、広田は明け暮れ読書で過した。(中略) 最後に、一日の読書の終りには、中学時代から愛蔵してきた和綴じの論語を、心静かにベッドで読むのが日課であった」(城山三郎『落日燃ゆ』新潮文庫)

まるで同じ人物の描写のようでしょう。一番目は小村寿太郎駐米公使（1898-1900

0年）、二番目は広田弘毅駐オランダ公使（1926－1930年）の一日についてです。いずれの時代も公使がトップでした。両書の著者とも、チャラチャラした社交にいそしまず、孤高の古武士のごとく独りを好んだ二人の外交官を好ましく思っている……そんな印象をわたしは受けました。

とんでもないと思います。これは日本が東洋の外れの国だった時代の話です。たとえそうであっても、外交官が毎日家で書生と食事して、残りの時間は本ばかり読むというならば、なんのために国費を使って外国に駐在しているかわかりません。日本に住んでいれば済む話です。

人と会うためにパーティーに行き、食事会をしていざというときのために人脈を広げ情報をとれるようにしておくのが大事なのです。これは外交官だけでなく会社の外国駐在員でも同じことです。

パーティーの意味

あるときワシントンで米国の民間人の大使経験者とわたしが一緒にパネリストとして登壇したことがあります。その元大使は米国人の聴衆に向かい、

「みなさんは外交官は夜、パーティーに行ってワインばかり飲んでいると思っているでし

ょう。でも外国に行ったら米国大使館をのぞいてください。みなおそくまでデスクで仕事していますよ」

と言いました。わたしは、

「今のご意見にはまったく反対です」

と言いました。

「まず米国大使館は警備が厳重です。たとえ米国人でも夜アポもなくふらっと行って入れるわけはありません。それよりパーティーとワインの話が違います。誰が一日働いたあと、疲れているのにワインを飲みたくて立食パーティーや夕食会などにいくでしょうか。家のソファーで冷たいビールでも飲んで野球やフットボールでも見ていたいはずです。それなのに出かけていくのは人に会うため、なにか新しい動きがないか見るためです。体を張って出かけているんですよ」

と発言しました。あとで聴衆の何人もから、かえってああいうふうに率直に言ってもらえてよくわかったと言ってきました。

また若い人によくアドバイスしていたのは「パーティーに行ったときたくさんの人に名刺を渡したりもらったりしてコレクションをつくっても意味がないですよ」ということでした。「これは」という人と話し込み、近く昼食に誘うと言って、そこではじめて名刺を渡すとともに秘書の電話など連絡先をもらい、そして本当に誘うのです。こうやって一人ずつ友達をつくっていけば良いということでした。

対面と肉声

やはり会って話すことに勝るものはありません。政府でも会社でもトップ同士が知り合いになることが大事です。でも忙しいトップがそうしょっちゅう会談することが難しければ次善の策は電話です。今ならオンラインかもしれません。バイデン、習近平がオンラインで会談する時代です。次の二つは効果が小さいと思います。一つは代理の派遣、もう一つは親書の発出です。

代理は出かける人は張り切っていくかもしれませんが、受け入れるほうは格下の人に時間を割かざるを得ず、ふつうはあまり好感されません。後者はせいぜい秘書から要旨が上に口答報告されるくらいで効果が小さい場合が多いと思います。とくに国際機関などでの立候補支持要請のように他の国と競っているときはその感を深くしました。やるべきことはやりましたよという「アリバイ工作」に過ぎない場合が多いと思いました。

少人数での友達づくりから

心がけることは、「これは」という相手と個人的に親しくなることです。多人数のディナーもよくやりましたが、二人だけのランチや二夫婦だけでのディナーが関係を密にするためには有効でした。日本とそれまであまり親しくなかった人でも、公邸やいいレストランでワインを傾けながら、旅行、芸術や失敗談などのんびり話すと親しくなれました。もちろんわたしが芸術やスポーツを論じるのは背伸びも背伸びですが、しばらくの間くらいはお茶をにごせるものです。

断られてもともと、と物怖じせず声をかけてみることが大事です。少しずつ輪を広げていくのです。異文化交流の担い手とか日本の発信などと肩肘はらずに、楽しみながら気の合う相手を探していけばいいのです。

おわりに

この本は、他の外交官の回顧録のように、携わった交渉などについては書いていません。若い人へのアドバイス、国際社会での生き方について書いています。

読み直してみると、訴えたいのは2点でした。

一つ目はいかにも昭和前半生まれのジジイが自分の孫に言いそうなことです。「まず自分の将来を考えなさい」「いま話題のことだけでなく社会の枠組みに関する勉強をするといい」「学生時代を満喫していないで納得できる仕事選びを考えることが大事だ」「第二語学に逃げずに英語を磨け」「組織に入ったら日々の積み重ねが肝心だ」「いまからやれば間に合うよ」といういわばあたりまえのことが臆面もなく並んでいます。夢や理想は人それぞれ違うでしょう。これはその実現のための地道なアドバイスばかりです。でも本音です。自分の将来を考えて拓くのは自分だけなのです。

二つ目は今の日本の自らを恃まない他力依存の傾向についての警鐘です。政府や企業が先進国の裕福な大学や教育機関に多額の寄付をしたり、教員が高校生に日本の大学より米国の大学に行くことを勧めたり、日本人の英語教師を留学させずに外国人の補助教員に頼ったり、実力者がCEOを退く際に後継者として外国人を招いたり、「いったい全体どうしちゃったの」と思います。またまた黒船症候群におちいってしまっているようです。わたしはけっして偏狭なナショナリストではありません。たとえば途上国の恵まれない家庭の優秀な子弟を現地の国公立大学に進学させるための返済不要の奨学金制度を日本は供与すべきであると考えています。またたとえば、将来宇宙飛行士を育成する場合、日本国民だけでなくASEANからも募ったらいいと考えています。また国際的な人材受け入れにも賛成です。しかし、そのためにも日本自身がみずからの次世代のために投資すべきなのです。国家百年の大計を考えて、日本人の手で日本を強くしようではありませんか。日本の将来を考えて拓くのは日本人だけなのです。

この二つのメッセージを籠めて次世代への置き土産とさせていただきます。今ならまだ間に合います。

推薦の言葉をいただいたYOSHIKIさん、佐藤可士和さん、本書の出版をお勧めいただいた講談社の近藤大介さん、初めから脱稿まで多大の協力をいただいた青木肇現代新書編集長ほかの方々に感謝の意を記させていただきます。

講談社現代新書　2650

まだ間《ま》に合《あ》う　元《もと》駐米《ちゅうべい》大使《たいし》の置《お》き土産《みやげ》

二〇二二年二月二〇日第一刷発行

著　者　藤《ふじ》崎《さき》一郎《いちろう》　© Ichiro Fujisaki 2022

発行者　鈴木章一

発行所　株式会社講談社

東京都文京区音羽二丁目一二—二一　郵便番号一一二—八〇〇一

電　話　〇三—五三九五—三五二一　編集（現代新書）

〇三—五三九五—四四一五　販売

〇三—五三九五—三六一五　業務

装幀者　中島英樹

印刷所　豊国印刷株式会社

製本所　株式会社国宝社

定価はカバーに表示してあります　Printed in Japan

N.D.C. 914　265p　18cm

ISBN978-4-06-527293-0

「講談社現代新書」の刊行にあたって

教養は万人が身をもって養い創造すべきものであって、一部の専門家の占有物として、ただ一方的に人々の手もとに配布され伝達されうるものではありません。

しかし、不幸にしてわが国の現状では、教養の重要な養いとなるべき書物は、ほとんど講壇からの天下りや単なる解説に終始し、知識技術を真剣に希求する青少年・学生・一般民衆の根本的な疑問や興味は、けっして十分に答えられ、解きほぐされ、手引きされることがありません。万人の内奥から発した真正の教養への芽ばえが、こうして放置され、むなしく滅びさる運命にゆだねられているのです。

このことは、中・高校だけで教育をおわる人々の成長をはばんでいるだけでなく、大学に進んだり、インテリと目されたりする人々の精神力の健康さえもむしばみ、わが国の文化の実質をまことに脆弱なものにしています。単なる博識以上の根強い思索力・判断力、および確かな技術にささえられた教養を必要とする日本の将来にとって、これは真剣に憂慮されなければならない事態であるといわなければなりません。

わたしたちの「講談社現代新書」は、この事態の克服を意図して計画されたものです。これによってわたしたちは、講壇からの天下りでもなく、単なる解説書でもない、もっぱら万人の魂に生ずる初発的かつ根本的な問題をとらえ、掘り起こし、手引きし、しかも最新の知識への展望を万人に確立させる書物を、新しく世の中に送り出したいと念願しています。

わたしたちは、創業以来民衆を対象とする啓蒙の仕事に専心してきた講談社にとって、これこそもっともふさわしい課題であり、伝統ある出版社としての義務でもあると考えているのです。

一九六四年四月　野間省一

知的生活のヒント

M

政治・社会

世界史Ⅰ

世界史Ⅱ

J